Apologie pour l'histoire
ou Métier D' Historien

当 代 世 界 学 术 名 著

历史学家的技艺

（第二版）

[法] 马克·布洛克（Marc Bloch）／著
黄艳红／译

中国人民大学出版社
·北京·

“当代世界学术名著”
出版说明

中华民族历来有海纳百川的宽阔胸怀，她在创造灿烂文明的同时，不断吸纳整个人类文明的精华，滋养、壮大和发展自己。当前，全球化使得人类文明之间的相互交流和影响进一步加强，互动效应更为明显。以世界眼光和开放的视野，引介世界各国的优秀哲学社会科学的前沿成果，服务于我国的社会主义现代化建设，服务于我国的科教兴国战略，是新中国出版工作的优良传统，也是中国当代出版工作者的重要使命。

中国人民大学出版社历来注重对国外哲学社会科学成果的译介工作，所出版的“经济科学译丛”、“工商管理经典译丛”等系列译丛受到社会广泛欢迎。这些译丛侧重于西方经典性教材；同时，我们又推出了这套“当代世界学术名著”系列，旨在逐译国外当代学术名著。所谓“当代”，一般指近几十年发表的著作；所谓“名著”，是指这些著作在该领域产生巨大影响并被各类文献反复引用，成为研究者的必读著作。我们希望经过不断的筛选和积累，使这套丛书成为当代的“汉译世界学术名著丛书”，成为读书人的精神殿堂。

由于本套丛书所选著作距今时日较短，未经历史的充分淘洗，加之判断标准见仁见智，以及选择视野的局限，这项工作肯定难以尽如人意。我们期待着海内外学界积极参与推荐，并对我们的工作提出宝贵的意见和建议。我们深信，经过学界同仁和出版者的共同努力，这套丛书必将日臻完善。

中国人民大学出版社

该著谨献给法兰西学院埃曼纽埃尔·勒鲁瓦-拉杜里(Emmanuel Leroy-Ladurie)教授主持的马克·布洛克学会(成立于1992—1993年),以期为该学会实现下述目标略尽绵薄之力:“促进马克·布洛克已发表和未发表的作品的出版和传播。”

艾蒂安·布洛克(Étienne Bloch)

目　录

序　言 …………………………………………………………… 1
致吕西安·费弗尔的献辞 ……………………………………… 29
导　言…………………………………………………………… 31
第一章　历史、人和时间 ……………………………………… 43
1. 历史学家的选择…………………………………………… 43
2. 历史学和人………………………………………………… 44
3. 历史时间…………………………………………………… 47
4. 起源的偶像………………………………………………… 48
5. 过去和现在………………………………………………… 53
第二章　历史考察 ……………………………………………… 64
1. 历史考察的一般特征……………………………………… 64
2. 证据………………………………………………………… 71
3. 证据的流传 ……………………………………………… 76
第三章　史学批评 ……………………………………………… 85
1. 批评方法简史……………………………………………… 85

2. 伪证的鉴别 …… 92
3. 试论史学批评方法的逻辑 …… 104
第四章 历史分析 …… 128
1. 评判还是理解？ …… 128
2. 从人类事实的多样性到意识的统一性 …… 132
3. 历史术语 …… 139
4. …… 151
第五章 …… 161

序　言

《为历史学辩护——历史学家的技艺》(*Apologie pour l'histoire ou Métier d'historien*) 是马克·布洛克生前未完成的作品，这个新版本由他的长子艾蒂安·布洛克作了注解，它的出版实为一件幸事。 7

我们知道，这位伟大的历史学家是 1929 年问世的《年鉴》(*Annales*) 杂志的创办者之一，这份杂志当时名为《经济社会史年鉴》(*Annales d'histoire économique et sociale*)，今天的名称是《经济、社会、文明年鉴》(*Annales Économies, Sociétés, Civilisations*)。在维希政府时期，由于布洛克是犹太人，他不得不退出公众的视野。1943 年，布洛克在里昂加入自由射手组织，成为抵抗运动的一员，并于 1944 年 6 月 16 日在里昂附近被德国人杀害。他是克劳斯·巴比 (Klaus Barbie)[1] 枪下的受害者之一。

在马克·布洛克于最后的岁月写下的文字中，有一部未完成的史学方法论著作，题为《为历史学辩护》(*Apologie pour l'histoire*)，最初的副标题是《论一名历史学家如何和为何工作》(*ou Comment et pourquoi travaille un historien*)，1949 年，吕西安·费弗尔 (Lucien

Febvre）在出版该著时使用的标题是《为历史学辩护——历史学家的技艺》。

这里我不打算对照 1944 年时马克·布洛克已经或尚未发表的作品及对该著作系统的研究。不过，《为历史学辩护》是否基本上反映了马克·布洛克在研究中运用的方法，是否标志着他的思考和设想的新阶段？这样的问题仍然是有意义的。

8 我也不准备对该著和 19 世纪末及 20 世纪上半叶的其他方法论作品进行比较研究，特别是研究该著与 1901 年出版的《历史研究导论》（*Introduction aux études historiques*）的对立关系，这样的研究需要更长的篇幅。正如马克·布洛克在其手稿的注释 1（见第 37 页（指边码，下同。——译注）中所揭示的那样，朗格洛瓦（Langlois）和瑟诺博斯（Seignobos）的这部著名作品被他视为陪衬，虽然他对这两位曾是他老师的历史学家表示了敬意。这一点毫不奇怪，因为《年鉴》从诞生之日起就是一个反对朗格洛瓦和瑟诺博斯所确定的历史观念的战斗刊物。

我很遗憾自己无法结识马克·布洛克，但我想努力成为这位伟大历史学家身后的弟子，在我的学生生涯和我作为史学工作者的实践中，他的作品和思想曾是并一直是至为重要的。1969 年，承蒙费尔南·布罗代尔（Fernand Braudel）的好意，我进入《年鉴》的领导层，从而有幸成为吕西安·费弗尔和马克·布洛克的重要后继者。今天，作为一名继承马克·布洛克和《年鉴》传统的史学工作者，我在下面的文字中只想谈谈自己的思考，这样做也是在努力实践布洛克所定义的忠诚，他在上面提到的那条注释中已经指出，忠诚并不排斥批评。我试图指出这本书在当时的史学总体背景中，特别是在 1944 年的法国历史学中的意义，以及它在今天仍然具有的意义。

该著的正标题和副标题《为历史学辩护——论一名历史学家如何

和为何工作》已经很好地表明了马克·布洛克的意图。它首先是一篇历史学的辩护辞。这篇辩护辞针对的是书中提到的那些明白无误的攻击，特别是保罗·瓦莱里（Paul Valéry）的攻击，但它也针对一种科学知识的现实及可能的发展趋势，这种知识将历史置于边缘，甚至将其排斥。我们也可以认为，马克·布洛克之所以为历史学辩护，针对的是那些他认为服务于这种趋势或为这种趋势所用的历史学家。最后，我认为，该著的要点之一在于指出历史学家同社会学家和经济学家之间的距离，诚然，他认为社会学家和经济学家的思想很重要，但
他也看到了社会学家和经济学家对历史学科构成的危险。我们将看 9
到，埃米尔·涂尔干（Émile Durkheim）和弗朗索瓦·西米昂（François Simiand）就是如此。

本书最后的副标题是《历史学家的技艺》，用它来取代最初的副标题颇为恰当，因为它强调了马克·布洛克的另一个重要意图：将历史学家确定为一种职业人士，探讨他的实践工作和学科对象，甚至还有——正如将会看到的——学科之外的东西。

标题没有指明、但文中表明的另一点是：马克·布洛克并不满足于将历史定义为历史学家的职业，他还想指出历史学应然的状态及历史学家应该如何工作。

在总结我对马克·布洛克的这本著作的读后感之前，我想强调这名历史学家将自己的现实经历转化为历史思考的独特才能。大家知道，这一出色的才能尤其表现在《奇特的溃败》（*L'Étrange Défaite*）一书的创作中，这本书很可能是迄今为止有关法国 1940 年溃败之原因和特点的最富洞察力的研究。马克·布洛克是在现场思考这一事件的，他的分析实际上没有借助任何对历史学者而言似乎必不可少的档案文献，但是，他写出的是一部真正的史学作品，而不是记者的著作，因为最好的记者仍不免“纠缠于”事件。然而，从 1940 年 6 月起，当他来到被占领的雷恩（Rennes）时，他远离了所有图书馆，

只能利用“奇特的宿命带给他的充满危险的闲暇”来思考，正如他在一段文字中提到的，他必须在立遗嘱的情形已经出现的局势下探讨历史学的合法性问题，并阐发一些后来成为《为历史学辩护》之核心的观念。

我稍微提一下该书的导论，因为它表达了这本计划中的作品的某些中心思想。马克·布洛克以儿子询问他历史有何用为开篇。这番知心话不仅向我们表明他是一家之主，是其工作的仆人，也向我们袒露
10 了他的一个信念：传播和讲授他作为一名历史学家的成果。他说，他应该“以同样的语言向学者和学童述说”；他还强调，“高度的简洁质朴只是少数特选之人才享有的恩典”。单就这个说法而言，这本著作今天仍有鲜明的现实意义，何况这个说法也出现在今天的许多历史学著作中。

马克·布洛克一开始就提到了“历史的合法性”，这个说法表明，在他看来，历史认识论问题不但是个思想和学术问题，而且是个公共问题，甚至是道德问题。历史学家应就自己的职责作出“解说”。这样，马克·布洛克便将历史学家置于各种必须表明职业意识的工匠之中。不过，在漫长的历史时段中作瞬时性思考，这正是历史学家天性中的一个特征，“这里的争论远远超越行会道德中细微的顾虑。它涉及我们整个的西方文明”。于是文明就被确认为历史学家的研究对象，历史学科则是文明的见证者和有机的组成部分。

接着，马克·布洛克以历史比较的视角指出，“西方文明与其他类型的文明不同，它始终对记忆寄望颇多”，这样他就向历史学家和历史爱好者引介了一对基本要素——历史和记忆，记忆是历史基本的原始素材之一，但它还不能等同于历史。于是便出现了对一种并非简单的实际经历的现象的解释问题。对西方而言，这种对记忆的关注既是古典文化的传统也是基督教的传统。

接下来的文字可以概括为一个简明扼要的说法，不过这个说法的内涵尚未完全发掘出来：“基督教是历史学家的宗教。”对于这个论

断，马克·布洛克提到了两个对他而言堪称历史学之核心的现象：一是时段，即具体的时间；二是历程，即人类生活的个体和集体形态，而人既受超越他们的制度的支配，又面临着偶然性，历史的变动性通常就体现在这种偶然之中。在该书后来的文字中，马克·布洛克还提到了“身体的历程”。

马克·布洛克随即指出，法国人对他们历史的兴趣比不上德国人对自己历史的兴趣，但我不敢确认他的说法是否正确。不过我认为， 11
这个说法表明了马克·布洛克对于德国人的深刻认识，这一认识既来自他1907—1908年在德国的学习经历，也来自他作为历史学家的经历。德国历史学，甚至德国历史中（我们不要忘记，马克·布洛克在第一次世界大战期间没有写作）有一种面向过去和历史的危险导向。

这个关于法国人与其历史的关系的判断还带上了失败的悲伤印记，马克·布洛克生活在悲观主义之中，这使他得出了一些可怕的预言。在他看来，如果历史学家不提高警惕，历史就可能声誉扫地，并从我们的文明中消失。当然，这里的历史指的是历史学科，马克·布洛克认为，历史学科与历史不同，后者与人类生活共存，但历史学科本身是在某种历史条件下产生的历史现象。历史的合法性也是历史的脆弱性。

不过，马克·布洛克在提到历史的末日后，以历史学家更为清晰的视野——深受人类本质上的乐观主义的滋养——提出了一个关于历史事件的更为平和、更富希望的见解。“我们忧伤的社会，”他说——而且我认为他的说法非常贴近克劳德·列维-斯特劳斯（Claude Lévi-Strauss）的《忧郁的热带》（*Tristes Tropiques*）——“开始自我怀疑”，它在思索过去是否清白；或者说，过去是否曾欺骗社会；或者说，社会是否曾反思过去。但对这些焦虑的解释是，“忧伤的社会”“始终处于成长危机中”：当其他历史学家谈论衰落、颓废的时候，马克·布洛克却把危机时代当做变动和成长的时期来分析，他赋予这样的社会和历史运动以某种积极意义。

因此这部著作的开篇辞是很沉重的。这是一个在悲剧情境中探讨的严肃论题。不过，马克·布洛克很快就再度发现并诉说着历史的一个优点：它“可供消遣”。在认知的愿望发生之前，历史受“天真的兴趣”的刺激。一旦好奇心和历史传奇恢复了声誉，它们便可从一个无疑处于边缘的位置上为历史学服务：大仲马（Alexandre Dumas）的读者可能就是“潜在的历史学家”。因此，为了写出漂亮的历史，
12 为了传授历史、使人热爱历史，我们就不应该忘记，历史除了“必然存在的艰辛”，还有“独特的美学愉悦”。同样，除了与学术和历史学研究必然相连的严格性，历史也有“认识独特事物的乐趣”，由此得出的一个见解我认为至今仍很恰当：“我们切不可抽离学术中的诗意成分。”

不过应更深入地理解马克·布洛克。他并没有说历史是艺术，历史是文学。他说得很清楚，历史是一门科学，不过这门科学的特点之一是它的诗性。这既是它的弱点又是它的优点，因为这样它就不会简化为抽象的概念、法则和结构。

在追寻历史的“用处”时，马克·布洛克当时碰到的是“实证主义者”（“positivistes”）的观点（他总是留心区分细致入微的历史学家和系统论历史学家，为此他给后者加上了一个称号：“恪守成规者”）。

对于实证主义者这一术语，对于马克·布洛克等年鉴派历史学家对这一术语的用法，应该做深入的探讨。今天，这个术语引起人们的保留甚至敌意，其中包括一些对《年鉴》持开放态度的历史学家。这里我只想勾勒一下研究和思考的路径。马克·布洛克所指的“实证主义”历史学家，其标志性特征是19世纪末的“实证主义”哲学，即奥古斯特·孔德（Auguste Comte）的学派，这种哲学在经历过一些通常很深刻的改造后（如1903年去世的勒内维（Renouvier）通常被认为是“实证主义者”，但他与一般的孔德门徒差异很大），至今仍占支配地位，在马克·布洛克的学习年代，它是法国哲学的基础。不过，实证主义历史学家也在历史学领域发展出一套科学思维，这种思

维有一个马克·布洛克亦不曾否认的优点，那就是试图赋予历史学方法以客观的、“科学”的基础，不过它通常也有一个严重的弊病：它将 19 世纪末的德国历史主义平庸化，将历史学局限于“对事实的严格观察，缺乏教育意义和文采修饰，纯粹是历史真实”（美国人亚当斯（Adams）1884 年的评语）。

马克·布洛克的老师夏尔·瑟诺博斯是“实证主义”历史学家的主要代表者。对于马克·布洛克，这位老师让人不能接受之处是他给历史学家规定的入门工作仅仅是搜集事实，然而在随后的重要阶段， 13
历史学家不能不得出这样的认识：历史事实不是“确定的”（“positif”）的已知条件。对历史学家而言，它是将史料转变成证据、随后将这些证据和相关史实组合起来的主动构建过程中的产物。这就是历史学家那受人谴责的“实证主义”的意义，当历史学家将史学工作削减为在他们看来能够“服务于实际行动”的东西，而不是追求总体史时，这种“实证主义”还带有一点功利主义的色彩。

于是马克·布洛克努力为专门化、为超然的思想活动表面上的无用而辩护。他在历史学科中发现了人类特有的普遍取向，在这个意义上，历史也是一门人文学科：“除了对物质福利的各种关怀，人在思想上的饥渴亦应得到慰藉，如果否认他对这种权利的追求，那是对人的一种离奇的戕害。”

这里出现的两个词对理解马克·布洛克的历史学家气质甚为关键。“戕害”（“mutilation”）：马克·布洛克拒绝那种戕害人的历史学（真正的历史学关注人的全部，包括他的身体、情感、心态，而不仅仅是他的观念和行动），这种历史学也戕害历史本身，它完全是从社会和时代的角度来理解人。“饥渴”（“faim”）：该书第一章中的一句名言已经提到了这个词：“优秀的历史学家好像传说中的食人魔。哪里闻到人的气味，哪里就有他的猎物。”马克·布洛克就是一个饥渴的人，一个为历史、为历史中的人而备感饥渴的人。历史学家应有某种欲望，应是个“食人者”。马克·布洛克让我想起 12 世纪下半叶巴黎的神学家佩特鲁斯·科迈斯托（Petrus Comestor），此人嗜书如命，人称贪食者皮埃尔（Pierre le Mangeur），他也在书中探求人生和历史。

在马克·布洛克看来，非“实证主义”的历史并非不是一门科学，在这部著作中，他最鲜明的意图之一是始终援引数学、自然科学和生命科学。这并不是从这些学科中为历史学提取妙方。马克·布洛克曾求助于统计学（这对一位中世纪史专家用途有限），虽然他所处的时代尚未产生计量史。不过，为了指出知识场域的统一性，历史学的范式甚至也已取得了独立：“我们不再认为必须对所有的认识对象
14 都强加一种从自然科学借用来的统一的思想模式。”不过，各种真正的科学的认证条件是同一的：“真正的科学是那些在各种现象之间成功地建立起解释性联系的学问。”因此，历史若要在科学之中占据一席之地，就必须提出“……合理的归类整理法和渐进的理解方式，而不是简单地罗列”。

马克·布洛克并不要求为历史确定虚妄的法则，由于偶然性持续不断地介入，这样的法则是不可能的。但他认为，历史学只有在渗透着合理性和可理解性时才是有效的，这样，历史的科学性便不在于其特性和对象，而在于历史学家的步骤和方法。

因此历史被置于某种双重境遇：第一是“点”，像“每个学科”一样，它“在其发展曲线中会暂时达到”某个点，而这条曲线“始终有点波动”，因为马克·布洛克否认原始进化论。第二是每个时代的历史学家都会“依附”的普遍“思想的方向”、某个时代的“心态氛围”，它与*Zeitgeist*——德国史学传统中的“时代精神”——的本质相距并不十分遥远。

但在通往可理解性的旅途中，历史在人类知识的各学科中占据着独特的位置。历史是“发展中的科学”，就像大多数科学一样，甚至比它们更甚，因为时间就是历史研究对象的一个有机部分。历史要想保持其科学身份，就必须比其他科学都更强调运动和发展，它不可停

滞不前。

历史学家不能是成天坐在办公室里的历史官僚，他应该成为忠实于其探索和冒险职责的漫游者。因为历史学的第二个特点（对于这一特点，历史学家对马克・布洛克的教诲并未有过足够的思考）是，历史“还是处于童年的科学”。历史在很长的时间里只是咿呀学语，这一前历史阶段从希罗多德（Hérodote）一直延续到马比荣（Mabillon）神甫，关于这位神甫，马克・布洛克在后文中提到，“1681 年，《文书论》（*De re diplomatica*）出版，这是……人类历史上的一个重要时刻”，因为这部著作“最终奠定了档案文献批判的基础”。历史直到 19 世纪才成为教学内容，即使在这个奠基的世纪，历史仍在文学艺术和科学知识之间犹豫不决，而此前的初生时期就更需要我们反思了。对历史学家而言，从中得出的教训是谦卑的，但也是 *15*
充满信心和希望的。对历史学而言，求知之风几乎尚未吹起。历史认识还处于黎明期。我们一直处于黎明期。

马克・布洛克之前，甚至他同时代的历史学家，往往消极地认为历史之中只有“某种审美游戏”，而某些社会科学专家则“决意把很多非常人文化的事实放置在人类的科学认识范围之外，因为他们觉得这类事实与理性主义知识格格不入”。这里应该认真读一下马克・布洛克的话：“对于这一被抛弃的残留物，他们鄙夷地称之为事件（*l'évenement*）[2]，但这也是最隐秘的个体（*individuelle*）[3]生活的重要组成部分。”这个说法针对谁呢？“涂尔干确立的社会学。”因此，对于马克・布洛克和早期《年鉴》来说，涂尔干的社会学几乎从一开始就具有特别重要的意义。他还再次提到涂尔干的教益。他特别指出，涂尔干教会他“不要做廉价的思考”。他最关注的一个问题是思考历史，思考他的研究和著作，而不是思考那些卑微、琐屑和平庸之事。他拒绝任何习惯做法以及任何简化的历史方法。不过，在关于方法论的思考中，他始终注意不要将历史学和社会学混淆起来，他拒绝“原则的僵硬性”，此外他还提到涂尔干及其弟子对时间的漠然。

涂尔干对马克·布洛克及早期《年鉴》的影响，是一个应该认真研究的问题，因为这种影响的痕迹很深刻。但是也应注意到，马克·布洛克总是在抗拒社会学，首先是涂尔干社会学的魅力。历史学当然应该与社会学进行对话，它也需要同其他人文社会科学交流。但历史学不能混同于社会学。马克·布洛克是历史学家，并愿意始终是历史学家。应该复兴历史，特别是通过与其他学科的接触来促进复兴，但不能将历史淹没在这些学科之中。

如果认真阅读我刚才提到的关于事件和个体的话语，研究马克·布洛克和《年鉴》的学者也许能够避免某些解释上的错误。马克·布洛克拒绝的事件是社会学家眼中的事件，这些人把事件视为可以忽略
16 的残留物。他无论如何没有否认事实的意义（在这方面，吕西安·费弗尔的说法不够谨慎）。总体历史怎能忽略事件呢？自皮埃尔·诺拉（Pierre Nora）以来，今天的人们都在谈论“事件的回归”，这个说法与马克·布洛克的观念非常一致。

同样，虽说马克·布洛克所关注的更多是集体而非个体，但他认为个体同样是历史认识的要点之一。他说历史研究“应该优先面对个体（*l'individu*）[4]或社会”，并这样批评菲斯泰尔·德·古朗日（Fustel de Coulanges），虽然他很敬重后者（他曾称古朗日和米什莱（Michelet）是“老师”）：“人类社会的科学针对的是人”，“在历史当中，个人的作用也许被过分贬低了”。最后且特别重要的一点是，在未能完成和没有标题的第五章中，有相当一部分内容是论述个人的。

马克·布洛克先对保罗·瓦莱里揶揄了一番——在后文中，他进一步指责瓦莱里并不了解何谓真正的历史，当瓦莱里声称历史是“思想修炼术中诞生的最危险的产物”时，他便证实了自己的无知——然后开始阐述自己的历史观念及本书的主旨。

他和他的历史学家朋友希望的历史学，是一种“既广阔又深入的历史”。针对“实证主义”历史学家那种狭隘而肤浅的历史学，他提出了拓展和深化史学领域的愿望。拓展和深入是这场运动的要旨，它

至今仍激励着受《年鉴》精神感染的历史学家。1974 年，在《历史学的实践》（*Faire de l'histoire*）这本文集中，皮埃尔·诺拉和我自己曾追随马克·布洛克的足迹，向历史学家提出一种三重拓展论："新的问题，新的方法，新的对象"。此外还需深化历史学，虽说关于心态和感知的研究已经促使历史学家探究历史的深处，但有待开展的工作还有很多。马克·布洛克在这本书和《封建社会》（*La Société féodale*）中不时审慎提及的心理分析方法，其实并没有渗透到历史学家的思考中。最近去世的阿尔方斯·迪普隆（Alphonse Dupront）被称为"历史深处的历史学家"，他的部分尚未发表的著作曾受到马克·布洛克和《年鉴》的些许影响，但他的工作相对来说很孤立，而 *17*
阿兰·贝桑松（Alain Besançon）和米歇尔·德塞托（Michel de Certeau）的心理分析史——70 年代的《年鉴》曾为他们开放园地——至今仍无后续者。美国的心理史学虽然开拓了一些有益的路径，但也未形成气候。

该书的主旨是捍卫和阐发历史学，这一意图尤其体现在职业层次上："讲述历史学家如何及为何从事自己的职业"，撰写"一本工匠的便览"，"一本伙计用的手册"。他在文中曾赞扬 14 世纪的博学研究：正是通过这种研究，"历史学家找到了自己的工作台"。作为一名研究农村世界的历史学家，那些借自农业生活的称呼和比喻很容易出现在他的笔端，他还把优秀的历史学家比作"优秀的农民"，而根据贝居伊（Péguy）的看法，优秀的农民"热爱耕种就像热爱收获一样"。还有一种更具帕斯卡尔（Pascal）色彩的说法，即把历史学家比作猎手、探索者，喜爱寻觅甚于喜爱猎物。

该著的引论最后以两次内心表白结束。首先，马克·布洛克承认自己不具备哲学家的头脑。他谦虚地说，这是"早年教育中的欠缺"。从中我们也能看到法国历史学家的一个特别的传统特色。他们大部分对普遍意义上的哲学、特别是历史哲学没有兴趣——这究竟是明智还是缺陷呢？这本著作是一部方法论作品，而不是历史哲学论文。

马克·布洛克最厌恶的是思想的懒惰和消极，他不希望仅限于陈述何谓历史，如何研究和书写历史："我认为，我的书部分而言是一种纲领。"也就是说，是历史研究的入门和向导。

吕西安·费弗尔的评论显然比我的评论更具权威性，我原原本本地借用一下，"让人深感遗憾的是，对于自己著作的最后几部分，布洛克没有留下任何更为准确和详细的笔记。如果有的话，那必定是最富创见的"，现在，我只能就整部著作谈谈我认为最重要的东西。

18 首先是关于历史学的定义。

历史学是一种研究，因而涉及选择的问题。它的对象不是过去："认为过去可以成为科学的对象的看法是荒谬的。"历史学的对象是"人"，更好的说法是"复数的人"，而更为准确的说法是"时间中的不同的人"。

在这里，我搜集了一些在我看来是马克·布洛克关于历史时间问题的最重要的论述，他本来打算专门用一章来探讨这个问题。时间是历史学的介质和具体素材："历史中的时间是个具体鲜活且不可逆转的事实，它就是孕育历史现象的原生质，是理解这些现象的场域。"（52 页）历史时间在费尔南·布罗代尔所称的"长时段"和时间的点化（cristallisation）之间摇摆，对于这种时间的点化，马克·布洛克更喜欢称为"时刻"（"moment"），而不是事件。他认为这是"意识之获得"的媒介："历史学家不可能脱离时间。……历史学家思考的对象有时是由穿越时光之流的相似现象构成的洪流，有时则是这些洪流将各种意识会聚于一点的独特时刻。"（134～135 页）不管时间度量的统一发展到何种程度，历史时间并不具有统一性："人的时间将始终有违于如时钟一样严格分割的完美的统一性。应该有符合历史节奏之变化的各种时间尺度，为了确定自己的界限，这种尺度通常承认——因为现实的需要——自己只能辨识出边缘地带。只有以这种伸缩性为代价，历史学才能期望如柏格森（Bergson）所称的那样，使

其分类方式对应于‘现实中的同类层次’：确切地说，这是所有科学的最终目标。”（153 页）

请注意这段话中对柏格森的引述。马克·布洛克的思想与柏格森关于延绵性、思想和生命流动性的哲学是一致的[5]。

这种时间观念意味着对“起源的偶像”、对“胚胎追溯强迫症”、
对认为“起源是解释的开端”的懒人错觉、对把“前后关系”和“解
释”混为一谈的拒斥。在这一点上，马克·布洛克的解释指出了欧洲
和西方历史上的一个基本事实：“基督教……从本质而言是历史性的 19
宗教”，这使他能够把历史事实中通常被分割的东西组织起来：“许多
会聚在一起的特征——无论是有关社会结构的还是有关心态的。”

作为时间和变化的科学，历史学无时无刻不对历史学家提出棘手的问题，比如，“人们未必有每次改变风俗也必改变词汇的习惯，这可能让历史学家深感失望”。

布洛克认为历史“是科学还是艺术”是个徒劳无益的问题，并把它扔到了岁月的垃圾堆中，随后这位中世纪史专家开始探讨根本问题。首先，在明确我们今天所称的“历史的加速度”的含义时，他试图确定“现在”——他更喜欢称之为“当下”（“l'actuel”）——的意义；关于“历史的加速度”，他给出了一个具体的例子，关于这个例子的表述既提出了一个问题，也阐述了某种解释性研究的途径：“自莱布尼茨（Leibniz）和米什莱以后，出现了一个重要事实：接连不断的技术革命过分地拉大了代际心理隔阂。”接着，他认为“人类的现在”“完全能为科学所认知”，但这种研究并不专属于那些与历史学“迥然不同”的学科，如社会学、经济学、新闻学（马克·布洛克称之为“时论”），人类的现在同样植根于历史学之中。那些谨小慎微的历史学家的局限和不足正在于此：他们害怕现在，“希望不要与克里奥（Clio）贞女有过于亲密的接触”，布洛克称这些人是裹足于厚古思想的“老古董”，或是不能从收集材料走向历史解释的博学家——这个说法并非诋毁博学，相反，每名历史学家都应做到博学，但他不

能止步于学识的积累。然而，“如果博学者没有兴致去观察周围的人、物和事件……他最好还是放弃历史学家的头衔”。

当现在的意义明确之后，历史学家的职业的基本过程便开始了：“通过过去来理解现在”，与之相应地，“通过现在来理解过去”。

“谨慎的回溯方法”的创造和实践是马克·布洛克的重要遗产之一，但这一遗产时至今日尚未得到充分的继承和运用。“理解鲜活现
20 实的能力……历史学家的主要才具”只有“通过与当下的持续接触”方可获得和运用。历史学家的历史开始于“逆向”思维之时。

这样历史学家便能把握他的猎物——“变迁”，能有效地投身历史比较，能尝试“唯一真正的历史——普遍史（l'histoire universelle)”。而我自己更喜欢米歇尔·福柯（Michel Foucault）的说法——全面的历史（l'histoire générale)。由此有三个论断，或曰劝告。

“对过去的无知不止妨碍对现在的理解，它还连累当下的行动”，这是第一点。马克·布洛克不仅向历史学家诉说，而且在告诫所有社会成员，首先是那些号称社会领导者的人。今天的人们似乎仍没有很好地理解他的话。

第二点是，“人也经历了重大改变：思想上如此，可能最细微的身体机制也是如此。还能有别的情况么？他的心态环境已经发生深刻转变，他的卫生和食物状况也是如此。”这里不仅证明了心态作为历史研究对象的正当性，而且呼吁对身体——马克·布洛克提出过“身体的历程”的说法——的研究，这一点仍有现实意义。但马克·布洛克补充说：“当然，人性和人类社会中也应存在某种不变的本质。如果没有这种本质，甚至人和社会的名称都没有任何意义了。”还有更好的方式来表达历史人类学的合法性乃至必要性吗？而今天，历史人类学已不顾传统主义者的不悦而取得了很大的进步。

最后一点，这种广泛、深刻、长时段、开放和比较的历史学，是不可能由孤立的历史学家来完成的：“人生太短暂。”“任何孤立的专

家都只能做到一知半解，即使是在自己的研究领域。”历史学“只有通过互助才能产生”。历史学家的职业是在个体劳动与团体劳动的结合中完成的。历史的运动和历史学的运动已使得大部分历史学家走出了自己的象牙塔。

除了人和时间，历史学家没有其他的边界。当研究领域和方法明确之后，他便能坐上自己的工作台。他的第一件工作是“历史考察”（第二章）。他不应忽视“大量非文字性的证据”，特别是考古学证据。 21
这样他就不应继续“在资料问题上执著于书面文字，在史实问题上执著于事件”。但他也必须承认无法了解过去的一切，而只能利用“根据历史痕迹获得的认识”，只能借助于“所有科学都提供了各种范例”的“重构”步骤。不过，虽然“从本质上说，过去是根本不能改变的既定事实，但对过去的认识是个发展的事物，它处在不断的改变和完善之中”。关于个人心态的认识是非常重要的一点，但很多古史专家包括中世纪史学者，对此却无从下手，因为他们既“不占有私人信件，也没有忏悔词”，那些时代留给我们的至多只有“风格千篇一律的糟糕传记”。因此，“整个这一段历史看起来肯定有点苍白，是个没有个人的世界”。

我们应该倾听马克·布洛克，他曾诚实地劝告历史学家学会说“我不知道，我也无法知道”，不过我觉得他的说法稍显悲观。今天，研究遥远时代，尤其是中世纪史的历史学家正尝试着以严格而更为复杂的方法书写人物传记，重构过去的生活——至少是杰出人物的生平。另一方面，过去时代的个人的历史也应受益于当前的研究——这些研究与哲学和社会科学中“主体的回归”紧密相关，历史学家对这一回归并非无动于衷。

马克·布洛克还认为，中世纪史专家在搜寻证据时应该考察圣徒传记之类的素材，他觉得这类材料具有“不可估量的价值”，因为它们提供了有关“其创作时代特有的生活方式和思想方式”（《封建社会》中难忘的一章的标题）的信息。但是，在提出这一观点的时候，马克·布洛克不应该忘记，有太多的中世纪史专家——甚至在他之后——仍坚持认为，“圣徒传记作者根本没有向我们阐述的意愿”。

重要的是应认清这一点：文献、证据“不会自己说话，除非人们知道如何去考察它们……任何历史研究从一开始就预设了研究方向”。这种说法与“实证主义”历史学家的观念之间的对立显而易见，不过，在这一点上，马克·布洛克与著名数学家亨利·彭加勒（Henri Poincaré）不谋而合，彭加勒在对自己和同道的科学实践反思过后论
22 证说，科学发现的产生过程开始于预先的假设。1902 年，彭加勒发表了《科学与假设》（*La Science et l'Hypothèse*）。

一些学者还有另一种错觉：“设想每个历史问题都有一类特别的、专供该研究使用的资料”。但只有诉诸文献的多样性及随之而来的技术的多样性，历史才能被构建起来：“我认为，很少有哪门科学必须同时运用这么多不同的工具。这是因为人类事实是至为复杂的现象，是因为人处于自然的顶端。”于是就产生了这样的看法：“我觉得，历史学家对于其职业中的所有重要技艺至少应略知一二，这不仅是有益的，而且是必须的。”在这一点上，我们可以看到，马克·布洛克的“历史的辅助科学”概念涵盖的范围远大于大部分传统历史学家的认识。对辅助科学的运用也不应体现在破碎的专门化之中。文献搜集和处理中的技术也应该是整体的、全面的。

但如何组织和利用这种历史考察方式呢？在确定技术方针、编订目录索引等方面，马克·布洛克重新发现了自杜康奇（du Cange）[6]和马比荣以来的伟大学术成就（尤其是对中世纪史专家而言），以及 19 世纪的伟大成就，不过，对于这一技术工具体系，他不仅认为它是个有待人们利用的被动消极的宝库，它还应具有武器库的功能，以便服务于对文献和历史的设问工作。

马克·布洛克也关注历史证据的传播、历史学家的聚会（20—30 年代，他自己和吕西安·费弗尔曾积极参与国际历史科学大会）、“知识的交换”，以及各种我们今天称为史学“交流”的活动。但他并不

就此满足：

首先，他希望缔结一个史学共同体协定，以预先“确定某些具有主导意义的重大问题”，此外，他还希望“各个学会最终能同意以合理的方式起草学会的报告，组织其研究”。

上述说法颇具现实意义。与当初对集体记忆的研究——身份认同 23
研究的基础——比起来，今天有哪个项目更能激发历史学家与其他人文社会科学的专家一起协作，进行探讨和反思呢？马克·布洛克当时肯定注意到了他在斯特拉斯堡的同事、社会学家莫里斯·哈布瓦克斯（Maurice Halbwachs）的研究，后者于1925年出版了《记忆的社会环境》（*Les Cadres sociaux de la mémoire*）一书。

他还有一个至今仍未完全实现的愿望：历史学家叙述自己研究中的问题和历史。“一部历史著作若想配得上史学作品这一称号，就应该有这样一章——如果愿意的话，也可在论述过程的转折点上插入一系列的段落，这类章节的标题或可名为：‘我如何知道我将要言说的东西？’我深信，在了解此类告白后，即便是非专业的读者也会体验到真正的思想上的愉悦。历史研究的景致，无论是其成功之处还是其困难挫折，都不大会是令人厌烦的。干巴巴的事实才是冰冷乏味的东西。”这些话语和思想多么具有现代性！

考察之后是“批评”（第三章）。马克·布洛克概述了史学批评的历史，认为其关键时刻是在17世纪：“基本的研究原理只有到17世纪才成型，人们不总是能够认识到这个时期的真正伟大之处，尤其是这个世纪的后半叶。”这个时期诞生了史学批评的三个伟大名字：耶稣会士帕普布罗克（Papebroeck），他是圣徒传记研究的奠基者和圣徒传记续编协会（Congrégation des Bollandistes）[7]的创始人，生于1628年；圣摩尔的本笃会修士马比荣，古文书学的奠基人，生于1632年；奥拉托里会修士理查德·西蒙（Richard Simon），他标志着批评性的《圣经》注解的开端，生于1638年。在这些批评家身后——马克·布洛克总是要将历史置于某种思想运动之中——是两位伟大的哲学家：斯宾诺莎（Spinoza），生于1632年；笛卡儿（Descartes），其《谈谈方法》（*Le Discours de la méthode*）问世于1637年。

但是，史学批评陷入墨守成规的博学研究的泥沼中，这种研究并不具备“唯有从文献批评中才能获得的持久的新鲜感和接连不断的新收获”。我之所以引述这段话，为的是揭示这一点：在马克·布洛克看来，历史学家的职业是快乐的源泉。他既抨击“令人生厌的玄奥”（我要重复一遍，《为历史学辩护》的文风质朴清晰，读来何等惬意!），也鞭挞“悲哀的教科书”和“冒牌的史学才子，莫拉斯（Charles Maurras）[8]、班维尔（Jacques Bainville）[9]和普列汉诺夫
24 （Plekhanov）就是这种所谓的历史学的杰出代表”。因此，马克·布洛克觉得，应以温和的语气谈论“我们微不足道的注释，我们吹毛求疵的小附注”。

马克·布洛克的心中一直有这样一个问题——“追踪错误和谎言”，对此他不仅在自己的历史研究中有所体验，在他的个人生活和军旅生涯中，第一次世界大战中的虚假消息也让他感受到这一点。他花了很大的篇幅论述这个问题。卡洛·金斯伯格（Carlo Ginzburg）和我曾指出[10]，他的个人经历的痕迹显而易见，以致影响了他《会魔术的国王》（*Rois thaumaturges*）的研究，这些国王就是民众轻信的受益者：很多世纪中，人们相信法国和英国的国王有治愈瘰疬的能力。对于这种易于盲信的社会——如中世纪的西方——马克·布洛克详细列举了其历史条件，在某些时代，这类社会相信的不是现实中能见到的东西，而是那些“本来应看到”的东西。

应该祝贺一门“几乎全新”的学科的诞生，这就是证据心理学（psychologie des témoignages）（马克·布洛克的思考总是以心理学为历史学家提供的可能性为根据），这门学科现已得到发展，它尤其启发了最近在慕尼黑召开的一次大型讨论会，以及有关《中世纪的伪造》（*Fälschungen im Mittelalter*）的宏大出版物。

马克·布洛克论述过“批评方法的逻辑论”，并再次将具有自身特点的历史学置于“有关现实的科学”的整体之中：“史学批评中的确定性实际上是可能与不可能的概率，因此它与大部分现实科学的不同之处仅仅在于：它对概率的层次区分更为细致”。

这样，始终注重知识的统一性的马克·布洛克便可宣称：“对人类现象的理性批评方法的诞生”，是“一项伟大的成就……不仅对历史认识是如此，对任何认识都是这样”。

这一章论述的是“十分宽阔的视野：历史学通过发展其技艺而为人类敞开了通向真实，因而也是通往正义的一条新道路，它有权将这一成就视为自己最确定无疑的光荣之一”。

马克·布洛克厌恶那些去“评判”而不是去理解的历史学家，但 25
他仍然将历史学深深植根于真理和道德之中。历史学最终通往伦理学。历史学应该是真实的，历史学家应像正直的伦理学家那样工作。我们这个时代正在急切地寻找某种新的伦理学，它应该承认历史学家是真理和正义的追求者——不是在时间之外、而是在时间之中去追求。

因此，历史应该是理解而不是裁判。这就是“历史分析”的目标，在历史考察和历史批评等前期工作过后，历史分析才是历史学家的真正工作的开端（第四章）。马克·布洛克总是设法避免陷入任何形式的思想懒惰，他明确指出，“理解与消极态度格格不入”。历史学家“选择和挑拣”并“合理地组织素材”，而对素材的被动接受“只能导致对时间的否定，进而否定历史本身”。这就坚定地重申了史料的合理组织、时间和历史之间的联系。进一步说，合理化的步骤与时间的秩序[11]、历史的本质是一致的。

历史分析应特别致力于指明“众多社会现象之间的共同关联”，提出“可靠的解释”，并不应忽视各种“位差”（“décalages”），因为它们赋予“社会生活……几乎总是处于冲突状态的节奏”，此外，马克·布洛克还提出了基调论（tonalité）：基调可以决定“某个群体的心态”特征，这一见解为保罗·韦纳（Paul Veyne）和米歇尔·福柯等人的历史类型（*styles*）研究开辟了道路。马克·布洛克对历史中的心态因素和诗性特征有敏锐的意识，因而他清晰地意识到各种专门史——更明确地说，是经济史——并无自主性。中世纪尤其如此，因为当时还没有经济学观念，中世纪不仅要“让宗教和经济共存”，而且要让两者“相互交织”。这样，马克·布洛克就提出了经济学家卡尔·波兰尼（Karl Polanyi）（1964 年去世）阐发的理论：在远古和古代社会，经济学被“嵌入”（道德宗教和政治学）中。

在这一点上，我们应该认真阅读马克·布洛克。有一些人急于捍卫他的名誉，而且由于并非他真正的弟子而更形急切，当某名历史学家正确地援引《年鉴》的精神，放弃“全面”史或“总体”史、在历
26 史中考察个别问题时，这些人就会斥责这是在背叛。然而，马克·布洛克曾写道：“最为合理通常也最为有益的方法是，将对某个社会的研究集中于某个特定的方面，甚或集中于某个能反映特定方面的具体问题，如信仰、经济、阶级或群体结构、政治危机等。”[12]

历史分析的一个重要方面是对专业词汇和“术语”（“nomenclature”）的分析。马克·布洛克出色地论证了历史学家应如何在其研究中运用双重语言，研究者既要运用他所研究的时代的语言，这可使他避免时代错误，但他也需要历史学科当下的词语和概念工具：“认为文献中的术语足以成为我们自己的术语，这无异于承认文献已经给我们带来了现成的分析。”他在这里再度合理地表达了对思想惰性的反感。但是，历史学家若不迷信词源学（“一个词语在词源学上的意义远低于其实际使用中的意义”），他就应该注重考察词语的含义，注重研究“历史语义学”，今天我们应庆幸历史语义学的复兴。此外，历史学家还不得不接受这样的事实：一些并不合适的词汇仍然是其历史术语中的组成部分，这些词汇带有各种色彩，但其历史学上的含义十分空洞：“封建制”、“资本主义”、“中世纪”就是如此。当然，这类概念也有功绩，那就是让历史学摆脱了“外交和军事史占统治地

位”的阶段。马克·布洛克回想起伏尔泰（Voltaire）曾发出的抗辩：“一千四百年来，高卢似乎只有国王、大臣和将军。”

以统治朝代叙述历史的时代几乎已告终结，但以时代次序阐述历史的专横做法仍在延续，这种时代的划分极其武断，我们如何才能摆脱“封建制”、“资本主义”和“中世纪”呢？

现在应该回到本章的核心思想，即人类社会的各构成要素是以纷繁错杂的形态沉浸在历史中的：“我们已经认识到，在任何一个社会，一切都是相互联系、相互贯通的：政治和社会结构、经济、信仰是最基本的要素，还有各种微妙的心态因素”。在这里，马克·布洛克向新史学的伟大先驱之一基佐（Guizot）表达了敬意，基佐在谈论综合体（complexe）时说：“该词的意思是，人民生活的所有要素、其生 27
活中的所有力量都会聚在一起”。“如何称呼”这一综合体呢？马克·布洛克提出了一个术语（或曰一个观念），而吕西安·费弗尔已阐述了它的历史，这就是“文明”（“civilisation”）。我不想否认这个术语的意义，但是，我必须不无遗憾地指出，今天它几乎完全局限于法文和法国文明中。别的地方盛行的是“文化”（“culture”），然而，这个概念与文明不是一回事，也不处于同一性质层次上。这无疑是时代的特征：文明因为其精英主义而受到大众文化的谴责和排斥，后者现已侵入史学领域，并使得史学更具物质色彩并降低了其人文性质。费尔南·布罗代尔以“物质文明”取代“物质文化”的努力看来也失败了。应该对这种去人文化听之任之吗？

该书的第五章无疑应是论述“历史的解释”的一章，但马克·布洛克没有能够完成，他的工作因为投身抵抗运动而中断，他的人生轨迹也在 1944 年被行刑队的子弹猝然打断。唯一写成的只有“原因的观念”的开头部分。马克·布洛克在这段文字中发表了某些意义重大的论点：

——首先是对“实证主义”的新抗议，因为它“号称要将原因的观念从科学中驱逐出去”，但这里也谴责了将历史中的原因问题简化为动机问题的尝试，并驳斥了“庸俗心理学”。这种驳斥值得好好思索，因为庸俗心理学的潮流已经汇入心态研究的康庄大道。

——接着指出了一个应被排除出史学领域的新偶像：“对单一起因的迷信”。布洛克的谴责不容置辩：“常识中的偏见、逻辑学者的假设和预审法官的口头语、原因的一元论对历史解释来说都只会造成麻烦。”生活中的结构和原因是多样的，因而历史也是如此。

——在这个问题上，马克·布洛克指出了另一个“谬误”，即“今天已被彻底摧毁的伪地理决定论造成的错误”。他还补充道：“沙漠并不像勒南（Renan）所说的那样必然导向一神教。”对于地理决定论这具僵尸，我不敢肯定它绝不会还魂复活。如今很少有才智之士还在为安德烈·西格弗里德（André Siegfried）[13]的胡言乱语而欢呼
28 惊叹，虽然此人那幻影般的法国选举地理学似乎一直颇有诱惑力，但花岗岩毕竟不能投票。

接下来便是章句未竟的痛苦时刻……但作品的结尾是美好的：“概而言之，历史学中的原因像别的原因一样，不是推想出来的，它需要人们去寻找。”这部未竟的著作最后以一位职业者、研究者的话语结束，但话语带有帕斯卡尔色彩。

今天的人们异口同声地说，马克·布洛克和《年鉴》取得了胜利，他们的历史观念征服了历史学——有些不喜欢他和他的刊物的人尤其持这样的看法，但这是个借口，目的是要将布洛克和《年鉴》的教导与榜样送进史学古董博物馆。这个恶意的错误说法掩盖了两个真相。

第一，虽说马克·布洛克和《年鉴》对历史学的革新产生了决定性的影响，但这种革新显然局限于其基本的研究导向方面，如问题史学和跨学科史学观念。

第二，这样一部至今仍有重大原创价值和必要性的作品，应该再次发挥它的影响力。

关于历史时间的复杂性，关于历史解释的必要性，关于历史的现时性，关于过去和现在之间的关系，关于“起源的偶像”，关于历史中的“起因”观念，关于历史事实的性质和构建，关于意识的作用、对“偶然性”的处理、历史中谎言和谬误的形成，关于历史语言，关于历史研究的合理方式，关于何谓必需的历史“真相”研究（有人以不应受历史的人为性——但所有科学都具有人为性质，这是知识的代价——的蒙蔽为借口，试图否认历史真相的存在，并向所谓尼采式的 29
认识投降，即认为历史是可任意选取规则的游戏），关于历史学和历史学家的伦理责任，所有这些问题的探讨都应从这部作品出发。关于历史学家在面对未来时的态度，马克·布洛克没有阐明他的看法，他将这个问题作为紧迫的遗赠留给了我们。

那么应回归马克·布洛克吗？很多时候，对早期史学的回归往往戴上了蹩脚的时髦面具，不过回归布洛克无疑将是其中成果最丰硕的一次。但显然还应倾听他的劝告：“在批评他们的同时，我将继续忠实于他们的教导，只要我认为这是有益的，坦率地说，我希望有朝一日我的学生也能批评我。”确实，这本书不是终点，而是起点。

今天，历史学家、历史教学者、历史学习者和爱好者（在马克·布洛克的观念中，所有男女不都应成为历史爱好者、乃至历史迷么?）对这部著作会有怎样的看法呢?

首先，这本书的作者兼具理智和感性，既是男性公民，又是教授和历史学家，他执著于事物的确定性，但也意识到历史学仍处在变化不定的童年，他具有广博而深厚的学识，但又随时准备进行思想冒险，因为他渴望获得知识，渴望理解和解释。这也是一部历史学家的作品，他生于1886年，成长于一个德雷福斯派的犹太人大学教员家庭，他不满足于20世纪初法国历史教学观念和实践中的狭隘和肤浅，在结识吕西安·费弗尔后，他以自己的作品、教学，并通过《年鉴》的影响——我们已经说过，他是该杂志的奠基人之一——而成为两次世界大战之间史学革新的一位伟大的行动者。作为米什莱和菲斯泰尔·德·古朗日的精神上的儿子，他吸收了19世纪末20世纪初欧洲史学的精粹，而作为马克思、涂尔干和西米昂的读者，他总是乐于倾
30 听这些学者的言论，以加深和强化历史认识，但同时又抵制他们一些不恰当的分析，这些分析消除了历史学中真正的时间感，并埋没了既是历史见证者、又是历史创造者的具体个人——包括历史深处的那些无名角色。正如他自己说的，他作为时代的儿子的身份更强于作为父亲的儿子的身份。这个时代就是第三共和国，是马克·布洛克作为公民、战士和历史学家参加并强烈感受过的两次世界大战。

作为这位集个体性和集体性于一身的马克·布洛克的作品，《为历史学辩护》也是特定时刻的产物。在那个时刻，战败的法国在失败、占领和声名狼藉的维希体制中沉沦，但此刻的马克·布洛克已体验到希望带来的最初的激动，这既是历史学解放的希望，也是历史学进步的希望，对于前者应该在积极的抵抗中予以协助，对于后者则应写下这部著作来加以阐明。本书经常提到杰出的导师和合作者、比利时历史学家亨利·皮雷纳（Henri Pirenne），他在第一次世界大战中曾埋首于受德国人监视的居所，在那里写下了开创性的《欧洲史》（*Histoire de l'Europe*），而在布洛克写下本书的同一时刻，费尔南·布罗代尔在德国的战俘营中开始撰写他的博士论文《菲利普二世时代的地中海和地中海世界》（*La Méditerranée et le Monde méditerranéen à l'époque de Philippe II*，1949）。

这部未竟的作品堪称一次圆满的史学行动。

雅克·勒高夫（Jacques le Goff）

【注释】

〔1〕克劳斯·巴比（1913—1991）：纳粹冲锋队头目和盖世太保成员，被称为“里昂屠夫”。——译注

〔2〕〔3〕我特别强调这两个词。

〔4〕我再次强调这个词。

〔5〕《创造进化论》(*L'Évolution créatrice*)出版于1907年,《延绵性和同时性》(*Durée et simultanéité*)出版于1922年,《思想与运动》(*La Pensée et le Mouvant*)出版于1934年。

〔6〕杜康奇(1610—1688):法国学者,研究中世纪和拜占庭的语文学家和历史学家。——译注

〔7〕这个团体的名字来自17世纪的一位圣徒传记续编者、耶稣会士John Bolland。——译注

〔8〕莫拉斯(1868—1952):法国诗人、作家,著名右翼组织"法兰西行动"的思想家。——译注

〔9〕班维尔(1879—1936):法国记者、史学家,思想上亲近莫拉斯。——译注

〔10〕见《会魔术的国王》的意大利文译本前言(1973年)及该著的法文第三版(1983年)。

〔11〕我指的是克尔泽斯多夫·波米扬(Kryzysztof Pomian)的出色作品《时间的秩序》(*L'Ordre du temps*, 1989)。

〔12〕皮埃尔·图贝尔(Pierre Toubert)和我曾提出过历史学的"总括性"对象(objets "globalisants"),而这类问题就是围绕这种对象展开的。参见《总体性中世纪史是否可能?》,见《第100届全国学术协会大会报告集》("Une histoire totale du Moyen Âge est-elle possible?", *Actes du* 100e *Congrès national des société savantes*, Paris, 1975)。

〔13〕安德烈·西格弗里德(1875—1959):法国地理学者和政治作家,被视为选举社会学的先驱。——译注

读者注意事项

31 为了尽可能忠实于最初的文本，本书使用了一些符号。如下所示：

…… 指马克·布洛克手稿中的一个或几个单词无法辨认。如涉及几个单词则予说明。

(?) 指该词存疑。

/ 在手稿没有标点处用来分隔词语、词组和句子成分。

【】 指马克·布洛克在原稿上所加的词语或片段（原稿指第一稿，第一稿若缺失则指修改稿）。

】【 指马克·布洛克在原稿之中删除的词语或片段。

〔1〕 正文中标出的数字为脚注编号。（译者按：现按套书格式改为章末注。）

纪念亲爱的妈妈

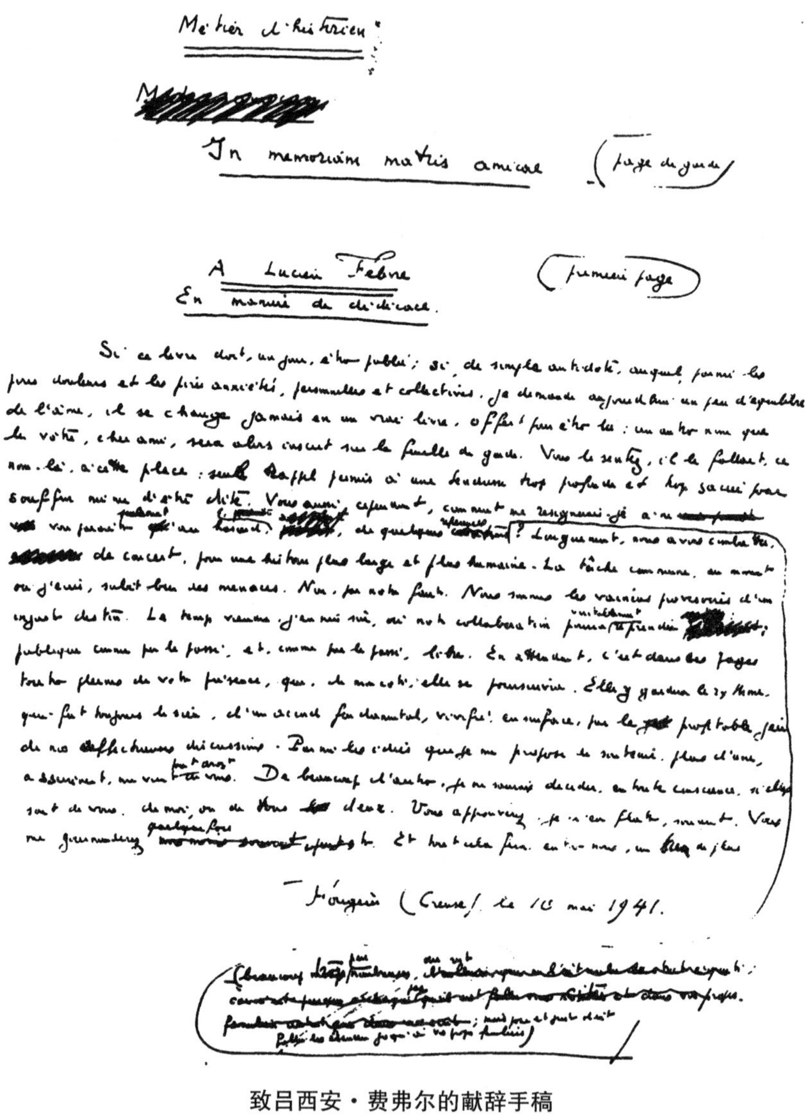

Métier d'historien

In memoriam matris amicae (page de garde)

A Lucien Febvre (première page)

En manière de dédicace.

Si ce livre doit, un jour, être publié; si, de simple antidote, auquel, parmi les pires douleurs et les pires anxiétés, personnelles et collectives, je demande aujourd'hui un peu d'équilibre de l'âme, il se change jamais en un vrai livre, offert pour être lu: un autre nom que le vôtre, cher ami, sera alors inscrit sur la feuille de garde. Vous le sentez, il le fallait, ce nom-là, à cette place: seul rappel permis à une tendresse trop profonde et trop sacrée pour souffrir même d'être dite. Vous ami, cependant, comment me résignerais-je à ne vous paraître qu'un hasard, de quelques [illegible]? Longuement, nous avons combattu de concert, pour une histoire plus large et plus humaine. La tâche commune, au moment où j'écris, subit bien des menaces. Non par notre faute. Nous sommes les vaincus provisoires d'un injuste destin. Le temps viendra, j'en suis sûr, où notre collaboration pourra véritablement se reprendre, publique comme par le passé, et, comme par le passé, libre. En attendant, c'est dans ces pages toutes pleines de votre présence, que, de mon côté, elle se poursuivra. Elles y gardent le rythme qui fut toujours le sien, d'un accord fondamental, vivifié en surface, par le profitable jeu de nos affectueuses discussions. Parmi les idées que je me propose de soutenir, plus d'une, assurément, me vient tout droit de vous. De beaucoup d'autres, je ne saurais décider, en toute conscience, si elles sont de vous, de moi, ou de tous deux. Vous approuverez, je m'en flatte, souvent. Vous me gronderez quelquefois. Et tout cela fera, entre nous, un lien de plus.

Fougères (Creuse), le 10 mai 1941.

致吕西安·费弗尔的献辞手稿

致吕西安·费弗尔的献辞

在今日最深切的苦难和焦虑之中，我试图在这本书中寻求一丝灵魂的安宁，如果这部聊以自慰的作品有朝一日能够出版，成为一本真正面向读者的著作，亲爱的朋友，你将会发现，该书衬页上的名字不是你的。你会体谅到，出现在衬页上的应该是这个名字：此举仅为怀念我心中一份至深至重、难以言表的真情。当然，你也能够理解，我为何只在寥寥几处引文中偶尔提到你（而且引文注释也实在太少了）[1]。长期以来，我们曾为拓展历史学的领域、为更富人文色彩的历史学而并肩战斗。但此时此刻，这一共同的事业受到了严重威胁。这不是我们的过错。我们只是暂时屈从于不公正的命运。我深信，我们定能再次切实地（véritablement）[2]进行合作，就像过去一样开诚布公，无拘无束。就我而言，眼下的这些文字也将是我们合作的继续，字里行间处处有你的存在。在这本书中，我们的合作将依然保持其独有的韵律：根本而言，是悦耳的和音；表面而言，我们热烈的探讨仿佛是为主旋律添彩的有益的小插曲。在我试图论证的思想中，肯定不止一个直接来源于你，而更多的思想，说真的，我无法确定是来自 35

36 你、还是来自我，抑或是来自我们俩。我自以为，大多数情况下你会赞同我，但有的时候也许你会责备我。但无论如何，我们之间的关系都将更进一步〔3〕。

福热尔（Fougères），克勒兹省
（Creuse），1941年5月10日〔4〕

【注释】

〔1〕括号中的文字为文中附注，它似乎应保留，但后面的字句被马克·布洛克或别人划去。被划去的文字是："若从严格公正的角度来考虑的话；因为几乎每一步论述都应引述你的话，或是你那些耳熟能详的言谈，或是你的文字；但为公正计，引文亦应包括你的言谈"。

〔2〕吕西安·费弗尔把这个副词替换为"真正地"（"vraiment"）。

〔3〕这份献辞有两个版本，都出自马克·布洛克的手笔。我们这里采用的是最初的版本，另一个版本曾被他抄录下来，当做1942年8月17日给吕西安·费弗尔的信的附页。吕西安·费弗尔后来采用的是第二个版本，它没有这样一句话："（而且引文注释也实在太少了）"，在"关系都将更进一步"之前也没有逗号。

〔4〕吕西安·费弗尔曾修改过文中的标点，我已恢复马克·布洛克当时用的标点。

导　言

“爸爸，告诉我，历史究竟有什么用。”几年前，一个小男孩靠在 37
我身边，向他的历史学家父亲提出了这样一个问题。我希望在这本即将问世的书中作出回答。在我看来，对一个作者的无上赞扬，莫过于说他能以同样的语言向学者和学童述说。但高度的简洁质朴只是少数特选之人才享有的恩典。对于孩子提出的问题，当时我至少没有充分满足他的求知意愿，而现在，我想以这个问题作为开场白。也许有人会认为，孩子的问题太幼稚，但我觉得中肯之至。这个问题虽带有令人尴尬的童年率真，但它提出的难题恰恰是历史学的合法性问题[1]。

因此历史学家需要对此作出解释。他在冒险进行这一尝试时，内心未免有点激动：一个毕生为其职业而操劳的老工匠，当他反思自己一生所从事的工作是否明智时，他的内心怎能不发紧呢？不过，这里
的争论远远超越行会道德中【细微的】顾虑[2]。它涉及我们整个的 38
西方文明。

因为，西方文明与其他类型的文明不同，它始终对记忆寄望颇

多。【一切都以基督教传统和古典传统为根基。我们最初的老师，即希腊人和拉丁人，都是擅长史学的人民。基督教是历史学家的宗教。其他的宗教体系可能将信仰和仪式奠基于神话之上，这类神话几乎超出人类时间之外；就宗教圣典而言，基督徒的《圣经》是历史书籍，他们的仪式纪念的是教会圣徒的重要事迹，以及上帝在尘世履历中的插曲。基督教还以另一种也许更为深刻的方式强化自己的历史性：在基督教教义看来，人类的命运处于堕落和末日审判之间，这是一段漫长的历程，每个人的一生、每一次个别的“朝圣”都是这一历程的表现；正是在这一时段中，因而也是在历史中，整个基督教思想的核心，即原罪与救赎的宏大戏剧，才得以展开。我们的艺术，我们的文学巨著，无一不回荡着过去的回声；我们的行动者总是把过去的教训——不管是真实存在的还是口头创造出来的——挂在嘴边。

当然，应该注意到各个群体之间在心理学上的多种细微差异。古尔诺（Cournot）[3]早已指出：法国人始终倾向按理性原则重构世界，总的来说，他们的集体记忆远不如德国人的那样强烈。文明无疑也会发生变化。我们的文明有一天也许会偏离历史学——这种可能性本身并非不可想象。有远见的历史学家对此应该有所思索。如果我们不加提防的话，糟糕的历史学很可能败坏优良的历史学的声誉。如果我们果真走到这一步，那代价将是我们最可靠的思想传统的猝然断裂。

对于这类问题，目前我们还处在良知反省的阶段。每当我们始终处于成长危机中的忧伤社会开始自我怀疑时，它就会思考：是否能追问过去，追问的方式是否合理。请看看战前写下的、也许今天仍在创作中的作品】：在当前弥漫的各种焦虑之中，你几乎总能听到追问过去的焦虑之声与其他声音交织在一起。这场戏剧使我有幸聆听其【极为】即时的回音。如果我记得不错的话，这一回音出现在 1940 年 6 月德国人进入巴黎的那一天。当时我们设在诺曼底花园中的参谋部已经没有可指挥的部队，但它懒散拖拉的作风依然在延续，我们还在斟
39 酌这场灾难的原因：“难道历史欺骗了我们吗？”其中的一个人低语

道。于是，这个人以更为苦涩的语气表达出的焦虑，与我的孩子那质朴的好奇心不谋而合了。应该对他们俩的问题作出回答。

不过，我们还应该知道“有用”一词究竟是什么意思。

诚然，即使人们认为历史学没有别的用途，至少还可以指出它有消遣的意义。或者更准确地说，肯定有很多人认为历史学就是这么回事[4]，因为每个人都以惬意的方式寻求消遣[5]。在我个人的记忆中，历史总是带给我很多快乐。我想所有历史学家都是如此。如果没有乐趣，他们还有什么理由选择这一职业呢？不管是谁，只要他不是十足的傻瓜，都会认为任何科学都是有乐趣的。但是，每位学者几乎只能体验从事一门科学的乐趣。发现这种乐趣并为此而献身，这就是人们所称的天职（vocation）。

另外，历史学中不可否认的魅力本身就值得思索。

历史[6]像胚胎也像针刺，它过去扮演着并将继续扮演重要角色。在求知欲产生之前，首先是简单的兴趣爱好；在从事目标明确的科学工作前，直觉已经指向这些目标：我们思想行为的演进之中充满了这类事例。甚至物理学在其最初的阶段也从“珍奇室”中获益良多。同样，我们已经知道，在古董中寻找乐趣是研究的滥觞，这一研究后来日益严肃认真，这就是考古学的起源，较晚出现的民俗学也是这样兴起的。大仲马的读者也许都是潜在的历史学家，他们只是缺少训练，不知道如何获得更纯粹的——我认为也是更强烈的——乐趣：求真的愉悦。

另外，在进行条理化的研究、因而必然会有枯燥的感觉时，但愿这种魅力也不要就此消逝，相反——所有【真正的】历史学家都可以证实——这种魅力会更加清新和充实：从某种意义上说，根本不存在没有意义的思想工作[7]。当然，人们不会怀疑历史学具有独特的美学愉悦，这种愉悦与任何其他学科都不相同。历史学的独特对象是人 40
类的活动，这一活动场景比任何其他东西都更能吸引人的想象力。尤为重要的是，当这一场景在遥远的时间或空间中展开时，它便具有一种奇特而微妙的迷人之处。伟大的莱布尼茨曾向我们透露这样的看法：当他从抽象的数学思辨或神学思考中走出来，转而解读德意志帝国的古老宪章和纪年作品时，他像我们一样，体验到了“认识独特事物的乐趣”。我们切不可抽离学术中的诗意成分。我们尤其不要为此感到难为情——让我吃惊的是，某些人就有这种想法。为了让感性蒙受如此激烈的控诉，就必须认为它不能有效地满足我们理解力：这真是个奇怪的谬论。

历史学的魅力几乎是人人都能感知的，但它的合法性是否因此而不言自明呢？它是否像桥牌和钓鱼一样，只是一种惬意的消遣——但这样一来，我们为书写历史而付出的辛劳是否值得？坦白地说，如实地书写历史，竭力深入历史的幽微之处，这是十分困难的。安德烈·纪德（André Gide）写到，今天已不容许我们游戏；他还补充说，哪怕是思想游戏也不容许。这话是在1938年说的。当我在1942年重写这番话时，它所承载的意义不知要沉重多少！在这个刚刚开始研究原子化学、探索星际空间秘密的世界，在这个为科学而自豪、但并未出现半点幸福的世界，冗长乏味、皓首穷经的历史学当然应受谴责，因为它对人的精力的浪费荒谬到了犯罪的地步，它唯一的作用就是为一项消遣蒙上一点求真的色彩。除非作为知识的历史学能证明自己的良知和善意，否则就应劝人别研究历史，将才智更好地运用到别的地方。

但这就提出了一个新问题：一种思想活动的合法性究竟在哪里？

我想，今天没有任何人敢像正宗的实证主义者那样，声称研究的价值归根结底要以服务于行动的能力来衡量。经验告诉我们，表面看来最无应用价值的思辨活动，也许有一天能为实践提供出人意料的帮助，因此我们无法事先判定这类活动的价值。如果以不牵涉任何实际利益、纯粹是一种精神满足为由而拒绝此类研究，那将给人类造成一
41 种离奇的戕害。历史学应始终对技术的人或政治的人（*homo faber*

ou *politicus*）持超然态度，要在这些人面前为历史学辩护，只需认识到历史学是智人（*homo sapiens*）的全面发展所必需的就够了。然而，即使问题被限定在这个范围内也没有获得完全的解答。

因为我们的理解力从本质上说更多地倾向于理解，而不是知道。由此便产生了真正的科学，即成功地以自己的方式在现象之间建立起解释性关系的科学。其他的学问，按马勒伯朗士（Nicolas Malebranche）[8]的说法，只属于"博学"（"polymathie"）。当然，博学可以当做一种很好的消遣或嗜好，但像马勒伯朗士的时代一样，博学在今天亦不能被视为一种出色的思想工作。由于没有任何应用于实际行动的可能性，历史学有权在真正值得为之努力的知识中占据一席之地：历史学不是简单的、毫无关联的、几乎漫无边际的列举，而是为我们提供了合理的归类和逐步理解的可能性。

然而不可否认的是，如果一门科学不能为我们生活的改进提供帮助的话，我们总会觉得有一点不完美。难道我们不正是怀着这种意识为历史学而努力么？当历史学以人物及其行动为对象时，历史学为人类利益服务的目标岂不更为清晰？实际上，当我们总是喜欢在古老的习性中寻找行动方向时，我们便假定它至少有某种潜在价值，所以我们也会对历史感到愤慨，正如我[9]提到的那位失败的士兵所说的，历史有时看来无法提供行动的方针。如果从"用途"一词严格的、"实用的"意义上说，历史学的用途问题是不能与历史学的合法性问题混为一谈的，后者严格地说是个思想问题。而且，用途问题是次要的：要想采取合理的行动，难道不应该首先去理解吗？但是历史学的用途问题不能再回避了，否则人们常识中最紧迫的意识就只得到了一半的满足。

对于这些问题，我们的一些顾问或希望成为顾问的人已经作出了回答。但这是对我们的希望的粗暴打击。那些最宽宏大量的人曾说：历史既无益处也不可靠。而另一些严厉的评论者则毫无顾忌地说：历

42 史学是有害的。“思想修炼术中诞生的最危险的产物”：他们中间的一个人【且并非最不知名的】这样说。这些谴责具有某种可怕的魅力：它们是在为无知辩护。幸运的是，对于我们中间尚存的思想兴致而言，这类言辞并非不容置辩。

但是，如果要重新考量这场争论，重要的一点是争论须以可靠的论据为基础。

历史学常见的诋毁者们似乎有一个疏忽之处。他们的言论既不缺乏辩才，也不缺少机智。但他们大多数人都不想认真了解自己言论的意义。他们关于历史研究的印象不是从工作坊中得来的，这种印象看来是在讲坛和科学院、而不是从工作间中得来的〔10〕。这是一种特别过时的印象。因此很多精力可能只是用来消除错觉。我们这里的努力大不相同。我们试图确定一些方法的可靠性的程度，它们正是历史研究中运用的方法，这甚至体现在细微的技术细节中。我们的问题就是历史学家在日常工作中面临的问题〔11〕。一句话，我们将首先阐述历史学家如何和为何从事这一职业。至于这一职业是否值得去做，这个问题将留给读者去判断。

但对我们即将进行的工作应有充分的认识。就算对它作如此这般的理解和限定，这项工作也只是表面看来很简单。如果我们面临的是一种应用技术，只要依次列举那些从长期实践中得来的诀窍就足以说明这门技术，那么我们的工作可能就很简单。但是，历史学不是钟表匠或细木工的手艺。它是一种以认识的深化为皈依的思想活动，因而也是一种运动中的事业。即使描述一下某种科学是如何形成的，也肯定能在一定程度上反映它的本质。更为重要的是阐述它如何能期望逐步取得成功。然而，从分析者的角度看，这样的工作必然要求作出范围相当大的个人选择。【实际上，所有科学在每个发展阶段都不断受到不同潮流的影响，因此在作选择时几乎不可能不意味着对未来下赌
43 注。】在这一点上，人们不能指望在必然性前退缩。在思想问题上，

像任何其他问题一样，对责任的恐惧不是一种可取的态度。不过，提醒读者注意仍不失为一种诚实。

另外，任何方法论研究都必然会碰到各种困难，由于各个学科都有不规则的发展曲线，这些困难也因该学科当时在曲线上所处的位置不同而发生变化。50 年前，当牛顿（Newton）仍是主宰的时候，我想，要写出一篇具有严格条理性的力学论文要比今天容易很多。但是，历史学所处的阶段仍然相当欠缺可靠性。

因为历史学不仅是一门发展中的科学，也是一门尚处于童年的科学：就像所有以人类思想为对象的科学一样，它是理性知识园地中的迟来者。更确切地说，历史学很久以前就以叙述史的萌芽形态出现了，而且虚构的成分长期充塞其间，但历史学依附于直接可感的事件的时间甚至更为久远，因此，作为一门理性化的分析学科，历史学仍然十分年轻。它正努力深入事件的表象之下，在摈弃传奇和修辞的诱惑之后，它还须排除各种在今天看来更加危险的毒素，这就是旧式的博学以及伪装成常识的经验主义。就其方法论的某些基本问题来看，历史学并没有超越其最初的摸索阶段。这就是为什么菲斯泰尔·德·古朗日和他之前的培尔（Bayle）都曾不无道理地指出，历史学是“所有科学中最难的”[12]。

【但这是一种错觉吗？虽然在我们的路途上尚有很多未知因素，但我觉得，与刚刚过去的那一代人相比，目前我们所处的位置有所改善，可以看得更清楚一些。

我们之前的那几代人，也就是在 19 世纪最后几十年和 20 世纪头几十年，在一个十分严格的意象的影响下产生了幻觉，这就是自然科学中地道的孔德式意象。他们把这一奇妙的意象扩展到全部的创造活动中，在他们看来，没有哪种真正的知识不能以普遍和必然的法则推
导出不可辩驳的证明和明白无误的确定性。在当时，这几乎是普遍一 44
致的看法。然而，当这种看法被运用于历史研究时，它产生了两种相

反的取向，而具体选择则要看个人的气质。

确实有些人认为，有可能创建一种符合某种泛科学主义理想的、关于人类演进的科学，他们为此而竭尽全力：有时甚至决意把很多非常人文化的事实放置在人类的科学认识范围之外，因为他们觉得这类事实与理性主义知识格格不入。对于这一被抛弃的残留物，他们鄙夷地称之为事件，但这也是最隐秘的个体生活的重要组成部分。简言之，涂尔干创建的社会学派就持上述立场。当然，有些后来人对最初的僵硬原则作了灵活处理，这些人头脑灵活，不能不认识到具体事态对理论原则的挑战。我们的研究在很大程度上受惠于这一伟大的运动。这场运动教会我们应深入地分析、应更紧密地把握问题，不要作廉价的思考——如果可以这样说的话。本书在谈论这场运动时怀有无限的感激和敬重。如果今天它有点过时，那是因为所有思想运动迟早都要为自己的成就付出代价。

与此同时，另一些研究者采取了迥然不同的态度。由于早年教育的影响，这些人对文献批评中的困难、疑惑和这一工作的反复十分敏感，当他们无法将历史学纳入物理学的严密框架时，他们率先在实践中得出了一个谦卑而清醒的认识。他们觉得，这门他们奉献了自己才智的学科，归根结底是不可能有远大的发展前景的，无论是在现在还是在将来。他们在历史学中看到的并非严格意义上的科学知识，而是某种审美活动，更确切地说，某种有益于思想健康的卫生学行为。这些人有时被称为“历史化的历史学家”（“historiens historisants”）：这个称号是对我们行业的侮辱，因为它似乎在否定历史学的本质。就我而言，我在他们所从属的法国思想运动中找到了一位颇具表现力的旗手。

为人和蔼而又捉摸不定的希尔维斯特·博纳尔（Sylvestre Bonnard）[13]——如果我们记住书中关于其行为的日期的话——的确是个时代错乱的典型：就像中世纪作家以自己时代独有的天真描绘出的古代圣徒一样。希尔维斯特·博纳尔（我们暂且为这个假想的形象
45 赋予一点现实的血肉），真正的希尔维斯特·博纳尔，应诞生在第一

帝国时代，也许他可以被算作伟大的浪漫主义历史学家的一代；他具有后者充沛且富有创造力的激情，并对历史“哲学”的未来抱有稍显天真的信念。如果我们忽略他在作品中所处的时代，而把他置于作品创作的时代，那么对思想上与该作品处于同一时代的历史学家来说，他就是整个历史学家团体的主保圣徒，是后者精神上的同代人：都是心地纯真的学者，但缺少一点灵气。有的时候，人们不禁觉得他们像是这样一些孩子：父辈的娱乐兴奋已经过度，他们骨子里则已厌倦浪漫主义的巨型历史狂欢剧。他们自认比从事实验室工作的同事低一等。总之，他们更希望劝告我们谨慎，而不是鼓励我们去冲击。不过，在一个聪明如我亲爱的老师夏尔·瑟诺博斯之人的一番令人震惊的话语中去寻找他们的座右铭，岂非极不友善了？这番话是这样说的：“提出问题确实非常有用，但回答问题也确实很危险。”这当然不是自吹自擂的大话。但是，如果物理学家没有表现出大无畏的精神，物理学还处于什么样的阶段呢？

但我们所处的思想环境已经不同于以往。空气动力学、爱因斯坦的力学、量子论已经深刻地改变了昨日的科学中形成的观念。这些理论并没有贬低昨日的观念，但使它变得更为灵活。在很多情况下，它们以无限的或然性取代了确定性，以尺度之中永恒的相对性取代了严格的可度量性。它们的影响在无数的思想者那里都可感受得到——我也应算做他们中间的一员——虽然思想和教育方面的缺陷使他们不能紧跟这场伟大的变革，除非从遥远的外围、以某种间接的方式。因此我们今后可以更有理由说，一种知识，即使无法以欧式几何的方式或恒定重复的法则来证实，但它仍可配享科学的名号。我们可以更为轻松地认为，可以将确定性和普遍性转化为程度的问题。我们不再觉得有这样的义务，即赋予所有认识对象以统一的、借自自然科学的思想模式，因为即使在自然科学中，这种统一的思想模式也不再是普遍适用的了。对于人文科学将来的面貌，我们还不十分清楚。但我们知道，人文科学要想存在下去——显然，一切都还须继续遵守理性的基本规

46 则——就不能放弃自身的独特之处，也不必为自己的特点感到羞愧。】

我希望职业历史学家，尤其是年轻人，能够经常反思我们职业中的犹豫不安和无休止的“悔悟”。对他们来说，这是培养合理的工作方式的最可靠的途径，是一种深思熟虑之后的选择。我尤其希望看到越来越多的历史学家投身这一深度和广度都有扩展的历史学，而我们中间的几个人——而且人数在与日俱增——正在勾画它的蓝图。如果我的书能对他们有所帮助，我将自认它不是【完全】无益的。我承认，书中已提出这一新史学的部分纲领。

但我的书并不完全、甚至并不主要是为了工作坊里的使用而写作的。对于普通的史学爱好者，我认为也丝毫没有必要隐瞒我们学科的犹疑。这种犹疑是我们的辩辞。更积极地说，它为我们的研究带来清新感。我们不仅有权为历史学要求所有新生的事业所应享有的宽容。对于所有具有一点活跃思想的人士而言，如果未完成的事物意味着不断的自我超越，那么它的吸引力就好比最完美、最圆满的事物的吸引力。贝居伊〔14〕好像说过，优秀的农夫热爱耕种就像热爱收获一样〔15〕。

可以用个人的一番告白来结束这篇导言。孤立地看，每门科学都只是追求知识的普遍运动中的一个片段。【我在前面曾举过一个例子：】要充分理解和评价研究步骤——不管表面看来多么独特的步骤，就必须【以最可靠的方式】将它与当时其他类型的学科中表现出的整体趋向联系起来。不过，这种方法论研究本身就构成一种专业，这方面的专家被称为哲学家。我不敢觊觎这个头衔。由于我早年教育中的欠缺，本书的分析无疑将有很多遗漏，如语言的精确和视野的范围。我所能提供的就是眼下的东西：一个总喜欢思考日常工作的工匠的手
47 册，一个长期操作直尺和水平仪、但并不因此以数学家自居的伙计的记事本〔16〕。

【注释】

〔1〕马克·布洛克注："在这个问题上，我从一开始、甚至在我研究这个问题之前就反对朗格洛瓦和瑟诺博斯的《历史研究导论》。读者刚刚看到的这段话，是我在很久前就写下的，当时我在那部著作的前言中看到了一份'无益问题'名单（p. XII）。我就在那份名单中发现了这样一个问题，它的说法也是：'历史有什么用？'当然，这个问题就像几乎所有涉及我们行动和思想的理由的问题一样：有些人生性对这类问题不感兴趣，或情愿放弃对它们的思考，他们总是不明白，为何其他人觉得这些问题是值得热烈探讨的话题。不过，既然我有了这样一个机会，我觉得最好从现在起就将我的立场同一部非常知名的作品进行对比。另外，我的著作是根据另一种方法构思出来的，作品的某些部分远没有展开，但我不敢妄称要取代那部知名的著作。我曾是那两位作者的学生，尤其是瑟诺博斯先生的学生。他们两人的善意给我留下了珍贵的印象。在最初的学习中，我深得他们的教诲和著作的帮助。但是，他们俩不止教导我们历史学家的首要责任是诚实；他们还没有掩饰这一点：我们研究的进步是从各代研究者之间必然的矛盾中产生的。在批评他们的同时，我将继续忠实于他们的教导，只要我认为这是有益的，坦率地说，我希望有朝一日我的学生也能批评我。"

〔2〕】，不管这种顾虑多么令人起敬。【

〔3〕指的可能是法国数学家、哲学家古尔诺（Augustin Cournot，1801—1877）。——译注

〔4〕】là【

〔5〕马克·布洛克的这个注释很可能应插在这个地方："《史学方法论：应用篇》（*Accessiones Historicae*（1700）：*Opera*，éd. Dutens，t. IV-2，P. 55）的序言中说：'研究历史有三重益处：首先是认识独特事物的乐趣，其次是杰出人物的教育意义，最后是从过去的重演中认识具有普遍性的原因。'"（译者按：作者这里引了一段拉丁文。）

〔6〕】首先【

〔7〕】。任何思想活动难道不都会以自己的方式成为某种艺术创作吗？【

〔8〕马勒伯朗士（1638—1715）：法国修士、哲学家。——译注

〔9〕】刚刚【

〔10〕】Albert Vandal 可能就以讲坛和科学院中的形象而闻名，但皮雷纳不是。【（Albert Vandal（1853—1910）：法国历史学家。——译注）

〔11〕】：当然，只要他在从事工作时稍微有点批判反思精神，就会明白这一点，而没有这种精神，说实话，也就绝不会有这类问题。科学工作必须有两个条件：对象和人。【

〔12〕此处很可能应加上马克·布洛克的如下注释：“《菲斯泰尔·德·古朗日》，Paul Guiraud 的引语；培尔，《辞典》中的 Renaud 词条：‘一般来说，在某个作者所能从事的创作中，历史是最难的，或最难的之一’”（马克·布洛克曾有过一个小批注：“待查证”）。

〔13〕这是法国作家法朗士的小说《希尔维斯特·博纳尔的罪行》中的人物。——译注

〔14〕贝居伊（1873—1914）：法国诗人、散文家。——译注

〔15〕此处第一稿中的一段话后来被移到第一章中，在定稿中，这段话有若干修改。

〔16〕马克·布洛克注释：“我再加上一句托词也许并非无益。以我目前的生活环境，我无法利用任何大型图书馆，我自己的书也有遗失，这些使我不得不大量依靠笔记和知识积累。我虽打算阐述这门职业的实践工作，但对于这一职业的法则所要求的补充阅读和文献查对工作，很多时候我却无能为力。将来我有机会弥补这一缺陷么？恐怕永远不会完全弥补。对于这一点，我只能恳求谅解，如果事情不是发生在我头上的话，因为命运的差错而‘为罪者申辩’也许是更确切的说法。”

第一章　历史、人和时间

1. 历史学家的选择

历史一词非常古老：【太老了，以致有时让人厌倦。但说实话，48
很少有人想把它完全从词汇中抹去。】甚至涂尔干时代的社会学家还给它留了一席之地。不过这只是为了把它弃置于人文学科的寒酸角落中：就像在幽暗的地牢一样。社会学家把所有在他们看来能进行理性分析的事物归入自己的学科，而摈弃那些被视为最肤浅、最偶然的人类事件。不过，我们这里将赋予历史一词最宽泛的意义。【该词事先并不妨碍任何研究取向，不管研究本身是优先面向个人还是面向社会，是注重对瞬时性危机的表述，还是追踪那些最持久的因素；历史一词本身不包含任何信条，从其最初的词源上说，它所涉及的唯有“研究”。】当然，该词问世两千余年以来，它的意思在人们口头流传之间发生了很大变化。这是言语之中一切真正有活力的术语的普遍命运。如果科学每取得一次成就都要为自己找个新说法，那么学术王国中该有多少称号，该浪费多少时间呢！我们的历史学依然平静地忠实于那个光辉的希腊词[1]，不过它与米利都的赫卡泰俄斯（Hécatée de Milet）[2]所书写的历史可能完全不同，正如开尔文爵士（Lord Kelvin）和朗之万（Langevin）的物理学不同于亚里士多德（Aristote）的物理学一样。

【但它究竟是一种怎样的历史学呢?

本书以探讨历史研究中的现实问题为核心，但根本无意提出某种
49 冗长而僵硬的定义。有哪位严肃的工作者为这样的信条操心呢[3]?】追求细致入微的精确性不止会错失最佳的思想活力：要知道，这种思想活力中含有对尚不确定的知识的朦胧冲动，以及扩展认识的潜在力量。过分地追求精确性，其最糟糕的危险之处在于以十分细致的定义进一步限制研究领域。术语神灵的守卫者会这样说："这一主题，或曰处理这一主题的方式，无疑是能迷惑人的。但是，年轻人，你务必注意：这不是历史。"于是，我们好似过去的那种行会管事会，负责制定本行业从业人员的业务范围，而一旦这个业务列表拟定出来，这些业务就只能由被认可的行会师傅来完成。我们果真要这样么？物理学家和化学家更为明智，据我所知，从未有人见过关于物理学、化学、物理化学或化学物理（假设存在这个名称的话）的各自权利的争吵。

同样正确的是，由于现实世界广阔无际、纷繁复杂，历史学家要想运用其工具就必须从中截取某个特殊的点，由此而来的是，在实际中作这样的选择显然与生物学家的选择不是一回事，这是历史学家特有的选择。这是个名副其实的行动上的难题，它自始至终贯穿在我们的研究之中[4]。

2. 历史学和人

人们有时候说："历史学是关于过去的科学。"【我觉得】这个说

法不够确切[5]。

【首先是因为，】认为过去可以成为科学的对象的看法是荒谬的。对于那些唯以处于不同的时代为共同点的现象，怎能不先经筛选而成为理性认识的对象呢？与此相对应的是，是否可以设想一种关于当下的世界的整体科学？

当然，在历史学的襁褓期，编年史家们很少去考虑这类问题。他
们胡乱讲述的那些事件，其唯一的联系是，它们的出现都指向（或预 50
示着）某一特定的时刻，如天食、冰雹、奇异的天象与战争、条约、英雄和国王的死亡联系在一起。人类最初的记忆就像儿童的感知一样懵懂，但其中仍有一以贯之的分析的努力，从这一努力中也产生了必要的分类。确实，在本质上因袭传统的语言中，历史一词往往指一切有关时间中的变迁的研究。习惯是没有危险的，因为它不会欺骗任何人。从这个意义上说，存在某种太阳系的历史，因为构成太阳系的星体并不总是我们看到的样子。但这属于天文学的领域。同样也有火山喷发的历史，我深信地球物理学对此会很感兴趣。但它不属于历史学家的历史。

或者说，如果火山喷发史属于历史学家的历史，那或许只是因为，相关的论述以间接的方式同我们的历史学中的特殊关怀结合在了一起。那么实践中如何确定职责分工呢？举个例子也许比长篇大论更容易说明问题。

10 世纪，茨温（Zwin）海湾深深地嵌入佛兰德尔海岸。后来它被淤塞了。对这个现象的研究应归属哪个认识领域呢？一开始，每个人都会认为属于地质学。冲击沉淀的机制、海潮的作用，也许还有海平面的变化：地质学难道不就是为此而出现并解释这一切的吗？当然是这样。但如果进一步考察的话，问题完全不是这样简单。

首先，考察这一变迁的起因有何意义？我们的地质学家不得不提出一些严格来说不属于他们领域的问题。因为，堤坝建造、航道改线、沼泽排干都加速了海湾的淤塞：所有这些都是从人类集体需要中

产生的行为，它们只有在特定的社会结构中才有可能产生。

海湾淤塞现象的另一端是一个新问题：这就是它的后果。在离海湾深处不远的地方兴起了一个城市，即布鲁日（Bruges）。布鲁日通过一段很短的河道与海湾相连。茨温海湾的水道运送了布鲁日的大部分进出口货物，从这一贸易的规模来看，布鲁日就是当时的伦敦或纽约。但海湾淤塞的情形每天都在加剧。随着水面的逐渐退却，布鲁日将前哨港推向日益遥远的河口，但此举终归徒劳，它的码头渐渐冷清。当然，这远不是布鲁日衰落的唯一原因。自然因素
51 对社会的影响，何时不曾得到人的因素的孕育和协助呢？但是，在这个问题的原因链中，海湾的淤塞无疑至少应归为最重要的因素之一。

不过，社会可以根据其需要而重塑作为其生活根基的土地，每个人都可以本能地认识到，这样的工作显然是一种“历史”事实。一个强大的贸易中心的兴衰也是如此。这是一个典型的知识形态学的例子，一方面，它指出了学科的交叉和联合，对整个解释而言，两个学科都是不可或缺的；另一方面，它表明了某种过渡：当某个现象已经得到解释、但其影响尚不明确时，一个学科就会最终让位于另一个学科。人们每每谈到历史学的专横的介入，但这种情况何以产生呢？这是因为人的出现。

实际上，我们伟大的长辈，如米什莱和菲斯泰尔·德·古朗日，很早就教会我们认识到这一点：历史学的对象本质上是人[6]。更准确地说，复数的人。单数容易导致抽象化的理解，复数是表达相对性的语法形态，它更适合于关于多样性的科学。在显而易见的景观特征背后，【是工具或机器，】在表面看来最冰冷无味的文字背后，在看起来与其创造者最无关联的制度背后，历史学试图把握的正是芸芸众生。谁要是做不到这一点，那他顶多只能算个摆弄学识的粗工。优秀的历史学家好像传说中的食人魔。哪里闻到人的气味，哪里就有他的猎物。

历史是关于人的知识：从这个特征中引出了历史学对表达形式问题的独特立场。历史是“科学”还是“艺术”？对于这个问题，我们的祖先在1800年前后曾有过热烈而严肃的辩论。后来，在1890年代，即深受稍显简陋的实证主义氛围感染的时代，出现了一些方法论专家，他们觉得公众对史学作品中所谓的“形式”（“forme”）问题的关注太过分了，对此他们感到愤怒。【艺术对科学，形式对内容:】诸 52
如此类的争吵最好还是放回经院哲学的诉讼袋中。一个严格的等式与一句准确恰当的话语，其中的美感是一样的。但每门科学都有自己特有的语言美学。人类事实就本质而言是十分复杂微妙的现象，其中很多东西是无法用数学方法来度量的。要更好地表述它们，因而更好地深入其中（我们能完全理解自己无法言说的东西么?），语言的高度精确【、用语色彩的恰如其分】都是必须的。不可能计算的东西应给予提示和联想。对自然事实的表述与对人类思想的表述之间的不同，简而言之就是铣工的工作与弦乐器制作者的工作的差别：虽然两者都要精确到毫米，但铣工用的是精密的机械工具，而弦乐器制作者首先以耳朵和手指的感知为向导。如果铣工仅满足于弦乐器制作者的经验主义，或后者试图模仿铣工的操作，都是不合适的。我们能认为，言语中没有手工操作中的分寸感么?

【3. 历史时间

我们已经说过，历史学是“关于人的科学”。但这个说法仍然太笼统。应该补充说：是“关于时间中的人”的科学。历史学家不能只考虑“人”。人的思想所赖以存在的环境自然是个有时间范围的范畴。

当然，人们很难想象哪门科学可以撇开时间。不过，对很多科学而言，时间一般是人为划分的同质的片段，它几乎只是个尺度。但是，历史中的时间是个具体鲜活且不可逆转的事实，它就是孕育历史现象的原生质，是理解这些现象的场域。对原子物理来说，一个放射体变为其他物体所需要的秒、年和世纪的数字是一个基本数据。某种巨变的完成需要千年还是在旦夕之间，抑或尚未完成，这样的问题无疑让地质学家感兴趣，因为从某种意义上说，地质学也是具有历史性质的学科，但物理学家不太会考虑这样的问题。相反，没有任何历史学家会满足于证实恺撒（César）花了八年时间征服高卢，或者证实路德（Luther）用了十五年从爱尔福特（Erfurt）的正统派见习修士
53 转变为维滕贝格（Wittemberg）的宗教改革家。对他来说，更为重要的是确定征服高卢在欧洲社会变迁的时序中的准确位置；在不否定马丁·路德修士的灵魂危机可能具有持久意义的前提下，历史学家只有准确地确定这场危机对命运轨迹的影响——这种命运不仅是主人公的个人命运，也是作为个人命运之气候条件的文明的命运——才可能对危机作出恰当的解释。

然而，真正的时间本质上是连续的。但它也处于永恒的变动中。这两种特质之间的对立关系催生了历史研究中的重大问题。这些问题首先质疑的甚至是我们工作的存在理由。假设各时代的不间断的时间被分成两个前后相继的阶段。这两个阶段之间的时光之流建立起的联系是否能压倒时间中产生的差异？我们在哪种程度上可以认为最古老的知识对最切近的思想究竟是必须的还是多余的呢？】

4. 起源的偶像

【从自己的过错（*mea culpa*）展开论述总是个不错的选择。对于以过去为主要研究课题的人而言，通过最遥远的东西来解释最切近的事物无疑是个宝贵的想法，这种追求支配着我们的研究，以致我们无法对此进行反思。从其最富特色的方面来看，历史学家部落的这一偶

像有一个名称：对起源问题的执著。在史学思想的发展中，起源问题受到特别的关照。】

我记得，勒南曾写过（我根据记忆引述，因此我担心引述不够准确）这样的话："在人类的所有问题中，首先值得研究的是起源问题。"他之前的圣伯夫（Sainte-Beuve）说："我窥伺并满怀[7]好奇地记录下刚开始的事物。"这种思想恰如其分地反映了他们的时代。起源一词也是如此。与"基督教的起源"[8]相呼应的是，不久之后便出现了现代法国的起源[9]。这里还没有提及那些追随者。但是，起源一词令人不安，因为它语义含糊。

它的意思仅仅是开端么[10]？这一点几乎是明白无误的。但须有一点保留：对大部分历史事实来说，甚至起始点概念本身也是极为模 54
糊的[11]。这可能涉及定义的问题。但【不幸的是，】人们总是太容易忽略定义工作。

那么，起源是否意味着原因呢？如果是这样的话，困难就只是因果研究中的内在难题，而在人文科学中，这类难题无疑始终存在，甚至表现得更为明显。

然而，上述两个含义还经常出现交错现象，由于这种交错一般不能很清晰地体会到，因而它便显得更加可怕了。在日常用语中，起源是有解释作用的开端。但糟糕的是，起源足以提供解释。含糊和危险便由此产生。

有一项尚待进行的研究或许是最有趣的，研究的对象就是胚胎情结，这种情结是所有思想伟人的特征。像通常的情形一样，人文科学在这方面的研究要落后于自然科学——没有比在不同的知识类型之间确立严格的同步性更难的事情了。因为到 19 世纪中叶，自然科学已经受生物进化论支配，而生物进化论认为逐步的进化将远离原初状态，并通过生命条件或当时的特定环境来解释每个阶段的进化。从

【维克多·】库赞（Victor Cousin）到勒南的法国历史学，其对起源问题的兴趣首先来自德国浪漫主义。然而，德国浪漫主义最初是与某种生理学同时产生的，这种生理学比我们的早得多，它的信奉者是早期的改良主义者，他们相信能在精子或卵子中发现成年时的缩影。此外还有对原始状态的推崇。这在 18 世纪的法国曾很盛行。但是，作为这一思潮的继承者，德国的浪漫主义思想家以新颖而丰富的思想魅力为这一思潮增光添彩，此后他们的弟子再把它传给法国的历史学家。在法国，哪个词能够表达出德语中著名的前缀 *Ur*——如 *Urmensch*，*Urdichtung*〔12〕——的力量呢？在各种人类事务中，所有一切都使得这几代人赋予最初的事实以极端重要的意义。

不过，另一个性质迥然不同的因素也发挥了作用。在宗教史中，关于起源的研究一开始就占有主导地位，因为这种研究看来能够提供
55 评判宗教价值的标准。特别是基督教〔13〕。我很清楚地知道，在某些新天主教教徒——他们之中不少人根本不是天主教教徒——中间，嘲笑《圣经》注释家已成为今天的时尚。巴雷斯（Barrès）〔14〕曾对一位失去信仰的教士说："我搞不懂您为何激动。几个学者围绕几个希伯来词争论不休，但这些争论跟我的情感有何关系？对我来说，'教堂的氛围'就足够了。"莫拉斯则说："四个默默无闻的犹太人的福音跟我有什么关系呢？"（我想"默默无闻"是指平头百姓，因为似乎很难说马太、马可、路加和约翰没有一点文学上的知名度。）这些玩世不恭之人试图使我们相信这一点，但帕斯卡尔和博叙埃（Bossuet）绝不会这么说。当然，人们可以设想一种与历史完全无关的宗教体验。对纯粹的自然神论者而言，内心的启示足以让人信仰神。但基督徒对神的信仰不是这样。因为基督教【，正如我提到的，】本质上是一种历史宗教：就是说，它的基本信仰是以事件为基础。请再看看你们的信经（*Credo*）："我相信主耶稣基督……他曾被本丢·彼拉多（Ponce Pilate）钉在十字架上……三天之后复活。"在这里，信仰的源头也是信仰的基础。

在宗教分析形式中，上述思路也许有其合理性，但是，由于某种几乎不可避免的传染效应，它蔓延到了其他研究领域，在这些领域，这一思路的合理性则大为可疑。在这些领域，以起源为核心的历史被运用于价值评判中。泰纳（Taine）在审查自己时代的法国的“起源”时，他的意图无非是谴责他所谓的源自哲学错误的政治错误。不管日耳曼人入侵或诺曼人征服【英国】究竟是怎么回事，过去之所以被刻意运用于对现在的解释，仅仅是为了更好地论证现在的合理性或谴责它。因此在很多情形下，起源的幽灵可能只是真正的历史学的另一个邪恶敌人的变体：这个敌人就是价值判断的怪癖。

还是让我们回到基督教研究上。对追求规则的不安意识而言，确定在天主教——我们教堂中平日里规定下来的那种宗教——面前的态度是另一回事；但对历史学家而言，这个问题是将现在的基督教作为一个观察对象来加以解释。显而易见的是，要对当下的宗教现象作出正确的解释，就必须认识到，关于起源的知识是不足以作出解释的。 56
为了使问题简单化，我们甚至不要去追问，信仰的名称和实质到什么时候还丝毫未变。即使人们认为一种传统原封不动，但传统的维持却始终需要理由来支撑。人的理由是可以理解的，但神意行为的假设是科学无法认识的。一句话，问题不是去弄清楚耶稣是否被钉死在十字架上、然后又复活。因此要理解的问题是，为何我们周围有这么多人相信耶稣受难和复活。当然，对笃信宗教的群体而言，宗教信仰只是其全部生活的一个方面。它是一个纠结点，社会结构、心态状况中的各种特征都会聚于这一点上。简言之，宗教信仰完全是个牵涉人类环境的问题。橡树从橡栗而来。但只有在遇到有利的环境和条件时，橡栗才能生长并成为橡树，但这类环境和条件已不再属于胚胎学了。

这里提到的宗教史只是一个例子。不管选择哪种人类活动为研究对象，解释者总有可能落入同样的谬误之中：将前后关系和解释混为一谈。

其实这种错觉由来已久。古代的词源学家认为，当他们针对词语的当下意义而提出它已知的最古老的意思，比如，当他们证明 bureau 最初是指某种布料，timbre 是指鼓时，他们就说明了一切。仿佛意义的转变过程是不需要解释的。特别是，词语在语言中的角色也像它的历史一样，仿佛不是由词汇的时代状况决定的；但实际上，连词汇也是其所处时代的社会状态的反映。在 bureaux de ministère（内阁阁僚）一说中，bureaux 指的是官僚机构。当我们在邮局的窗口要一些 timbres 时，我所用的这个词指的是随邮政系统的缓慢发展而产生的一种技术变化：为了取得思想交流的最佳效果，加盖印章的做法被粘贴小票取代。这种理解之所以成为可能，仅仅是因为，随着各行业的专业化，旧词的不同含义与今天已相距甚远，以致不会有丝毫混淆的可能性，如我的信件的 timbre（邮票）便不会跟弦乐器制作商夸耀的乐器的纯正 timbre（音色）混淆在一起。

我们现在谈论“封建制的起源”。但到哪里去找起源？有些人回答“在罗马”。另一些人说“在日耳曼”。这些错觉的原因显而易见。罗马人和日耳曼人都的确存在一些风俗——如庇护关系、武装扈从、
57 以土地转让作为服役的酬劳，并一直延续到欧洲所谓的封建时代。不过，风俗的延续并非没有重大变化。一个明显的标志是，两个成对的术语——如拉丁语中的俸地（*beneficium*）和日耳曼语中的采邑（fief）——在封建时代依然在使用，但它们逐渐获得了一种几乎全新的含义，不过个中原委不得而知。因为人们未必有每次改变风俗也必改变词汇的习惯，这可能让历史学家深感失望。这些现象无疑相当重要。我们能认为它们就已穷尽原因问题了吗？欧洲的封建制，从其最典型的制度而言，并不是由各种古老的残留物拼接而成的。它是在我们历史的某一特定阶段的社会氛围中产生的。

瑟诺博斯曾说：“我认为 18 世纪的革命观念……来自 17 世纪的英国思想。”他的意思是说，启蒙时代的论战家是在阅读前一个世纪的英国作品、或间接受它们影响之后才提出政治原则的么？他的说法可以找到理由。但这至少要有一个前提：我们的启蒙哲人未曾以那些

外来口号表达过任何新颖的东西，无论是在思想内容上还是在情感色彩上。不过，即使这场思想运动史被相当武断地简化为一次借用，但它还是远不能得到[15]澄清。因为依然存在这样一个问题：为什么这一借用发生在那个特定的时代，既不更早也不更晚呢？传染需要两个条件：微生物的繁殖以及滋生病症的“土壤”。

一句话，对一个历史现象的完满解释决不可离开对其所处的特定时刻的研究。历史演变的所有阶段都是如此。对我们和他人生活的时代也是这样[16]。阿拉伯谚语早在我们之前就说过：“人像自己的时代，有甚于像他的父亲。”如果不能品味到这句东方名言的睿智，历史研究可能声誉扫地。

5. 过去和现在

【与起源的搜寻者相对应的另一个极端是现实的崇拜者。孟德斯鸠（Montesquieu）在他早年的一部作品中曾提到，这种“永无穷尽
的原因链随着时代的推进而不断延伸和交错”。按某些作者的说法， 58
这个链条在最接近我们的一端看来是很容易把握的。因为他们觉得，对他们所谓的现在的认识与过去几乎毫无关联。这种看法流传甚广，无须对其要旨进行剖析。】

【首先应该注意到：】从字面上看，这一看法严格来说是不可想象的[17]。现在究竟是什么？它是无限的时间之流中一个不断退缩的小点，一个瞬息之间生灭的片刻。我的言谈和行动刚一发生便落入了记忆的王国。青年歌德（Goethe）的这番话虽已陈旧但仍很深刻：现时无所存，一切去匆匆（*nichts gegenwärtig*，*alles vorübergehend*）。既然一切都处于永恒的变化之中，所谓关于现在的科学在其形成的时刻也已成为关于过去的科学。

我当然知道[18]，有人会说这是诡辩论。在日常用语中，“现在”指切近的过去。【因此】可以毫无顾虑地接受这个有点不够严密的用法。但这并不是说，这个用法本身不会造成严肃的难题。这个近似的概念不止缺少精确性——如现在到底指多少年呢？它也将我们置于最易逝去的本质之中。如果严格意义上的当下只是处于永恒的逝去之中，那么现在与过去之间的边界也处在同样变幻不定的运动中。在昨天所有的政治经济学教科书中，稳定的货币体制和金本位是具有现实性的准则，但对今天的经济学家来说，这个准则是当下的还是历史（历史已经嗅到其霉味）的？在这些不合理的推论背后，还是很容易发现一簇较为可靠的思想，至少从表面上看，其中的简洁曾吸引过某些学者。

在广袤的时间洪流中，人们认为可以选取一段较为有限的阶段。它与我们的距离相对较短，从开端延续到我们生活的现在。在这个阶段中，无论是政治和社会状况中最明显的特征，还是物质工具、文明的整体风格，一切都似乎与我们习以为常的世界没有深刻的差异。一
59 句话，这个阶段看来与我们的时代存在十分强烈的“共时性”关系。它的优缺点不应同过去其他时段混淆在一起。在我还很年轻的时候，一位【很】年迈的高中教师告诉我们“1830 年以来便不再是历史，而是政治”。今天大概没有人会说“1830 年以来”——因为光荣的三天[19]已经相当遥远，也不会说“而是政治”。但他能用恭敬的口吻说“是社会学的领域”，或者以不太尊重的口气说“属于新闻报道的范畴”。可能有很多人乐意重复说：1914 年或 1940 年以来不是历史。不过，对这一排斥法的动机却没有很认真地去理解[20]。

一些人[21]认为，离我们最近的事实，正因为太近而无法对其进行任何心平气和的研究，他们希望不要与克里奥贞女有过于亲密的接触[22]。【我想我过去的老师就是这样认为的。这肯定是教给我们一种运用自身能力的虚弱方式。同时这也忽视了这样一点：一旦有情感共鸣的介入，当前与非当前之间的界限肯定远不像时间段的数学定量

那样准确。】我最初在朗格多克（Languedoc）的中学里从事[23]工作时，我那位可敬的校长以教育长官的庄重口吻告诫我："在这里，19世纪没有什么大的危险[24]；如果您要接触宗教战争，务必慎之又慎。"[25]他的说法难道不对吗？实际上，我们一旦坐在工作台前就无法抗拒当下的病毒对大脑的入侵，我们完全可能让毒素渗入对《伊利亚特》和《罗摩衍那》的评论中。

相反，另一些学者不无道理地认为，人类的现在完全可以成为科学认识的对象。不过，这种研究属于别的学科，后者与以过去为对象的学科大不相同。他们对现状进行分析，例如，他们凭借对几十年的时间段的有限考察，便声称理解了当前的经济。总之，他们认为自己生活的时代同此前的时代是隔离的，因为两者差异太强烈了，以致对当前的解释完全只能适用于当前。这也是许多普通好学者的本能认识。对他们而言，稍微遥远一点的年代的历史只是作为一种无害的精神奢侈品而吸引他们。一边是寥若晨星的古物学家，他们以对死者的温情，一点点地揭开亡灵身上的裹尸布；另一边是经济学家、社会学 60
家和政论家——他们是现实问题唯一的探索者……

有趣的是，这种二分观念是最近才出现的[26]。古希腊的历史学家，如希罗多德和修昔底德（Thucydide），以及较近的历史学家，我们真正的研究导师，其形象永远可位列史学殿堂（*cella*）的那些祖先，他们从未梦想过，对下午的解释顶多只要认识上午就足够了[27]。"谁若是仅关注现在和眼下，谁就不能理解现实"，[28]米什莱在《人民》（*Peuple*）这部出色著作的开头处这样写道，虽然这部作品回荡着那个时代的激情。在莱布尼茨所期待的历史学的教益中，有一项是"在过去的事物中寻找当前事物的根源"；因为，他补充道，"事实只有通过其原因才能得到更好的理解"。

但自莱布尼茨和米什莱以后，出现了一个重要事实：接连不断的技术革命过分地拉大了代际心理隔阂。电气和飞机时代的人也许不无

【几分】理由地觉得，他与祖先的距离十分遥远。他很容易得出一种颇为草率的结论：祖先已不再对他有决定性影响了。此外还有与工程师心态相一致的现代主义气质。要开动或修理一台发电机，难道必须深究老伏特（Volta）的直流电理论吗？这种情形自然不仅仅出现在对机器的理解中，无疑还有类似的情况：人们也可以认为，要理解并试图解决当前人类的重大问题，分析以前的重大问题其实毫无用处。一些历史学家也深受这种机械师精神的影响，虽然他们不大明白为什么会这样，但还是附和道："作为对当下的解释，历史学几乎应简化为对当前时代的研究。"1899 年，有两位学者就毫无惧色地这样说过。

【如果作进一步的观察，】人们认为当下所具有的自我解释的特权是以一系列奇特的假设为根据的。

首先，它须有这样的假设前提：在一两代人的时段里，人的状况
61 经历的转变不仅是非常迅速的，而且是彻底完全的，所以，任何稍微古老一点的制度、任何传统的行为方式都不能逃脱实验室或工厂里的革命的冲击。但这忽略了众多社会创造物内在的惯性力。人们曾花费时间来构建某种机制，接着他们便成了机制的囚徒，而且多少有点心甘情愿。哪位穿越我国北方省乡村的观察家不为奇特的田间格局感到惊讶呢？各个时代的产权变迁虽然削弱了这里的原始风貌，但极端狭长的条形地仍把耕地分割成众多小地块，这种景观让今天的农学家深感困惑。这样的布局会造成劳动浪费，并给耕作者带来不便，这一点几乎不容置疑。但怎样解释这种现象呢？一些过于急切的论战家曾说这是民法典造成的必然后果。他们还补充说，修改我们的继承法将会一举消除此种弊端。如果他们对历史的了解能多一些，能认真考察农民在几个世纪的经验中形成的心态，也许他们会认为这个方案并不那么容易。实际上，这种农业格局的源头上溯得如此遥远，以致至今没有哪位学者提出过令人满意的解释；[29] 也许石屋时代的垦荒者的作

用要大于第一帝国的法学家[30]。因此这便导致了一个几乎必然会出现的情形，关于原因的错误看法演化为诊断上的错误，对过去的无知不止妨碍对现在的理解，它还连累当下的行动。

还有其他的消极影响。如果任何社会都完全由紧邻当下状态的前一时刻来决定，那么，对这个社会而言，仅有一种能完美地适应变革的结构——完美得几乎没有抗拒性——仍是不够的。它还需要代与代之间的交流，而且这种交流只能是渐次发生的，即后代人只有通过父辈为中介才能和祖辈发生接触[31]。

但即使是纯粹的口头交流，情况也不是这样[32]。【不妨看看我们的村庄。】因为劳动条件所致，父母几乎整天远离年幼的孩子，后者主要靠祖父母抚养。因此，在新一代人的思想塑造中，如果我们都 62
须后撤一步，跨过【容易】承载变化的一代人，便将最富可塑性的头脑和最僵化的头脑联系在一起。【毫无疑问，众多农业社会内在的传统主义就根源于此。这一点特别清楚，而且绝不是唯一的。由于各年龄段的对抗主要发生在年龄相近的群体中，因此年青一代从老人那里得到的教导至少与成年人的教导一样多，而且不止一代青年是这样。】

更为重要的原因是，文字大大便利了【有时相距遥远的几代人之间的】思想传承，这种传承正是文明延续的本质所在。路德、加尔文(Calvin)、罗耀拉（Loyola)，他们都是过去的人物，是16世纪的人，致力于理解他们、并让别人理解他们的历史学家，首要应把他们复原到原有的环境中，让他们沉浸在当时的心态氛围之中，使其面对当时的良知问题——但这些问题准确而言不再是我们的问题了。但是，我们能说，理解离我们已有好几百年的新教改革和天主教改革，其意义对于正确理解当下的世界不【比理解很多时间上更近、但更为短暂的其他思想或情感运动】大么?

总之，错误很明显，要摧毁它，把它表述出来肯定就够了。有人觉得人类演进的历程像一连串短暂而深刻的震荡，每次震荡都只持续几代人的时间。然而，观察表明，在这无穷的连续中，巨大的震荡恰恰能将最遥远的要素传播到最近的时代[33]。如果某位仅满足于计算距离的地球物理学家认为，月球对地球的影响要远大于太阳的影响，对此该作何评论呢？【正如天体问题一样，时间中的作用力不能严格地用距离来衡量。】

最后，在过去的事物中，一些似乎不再影响现在的东西，如消失得无影无踪的信仰、流产的社会形态、被废弃的技术，它们是否因此就对历史理解没有用处呢？如果真认为如此，那将忽略这一点：真正的认识唯有通过比较方能获得。当然，相互比较的现实应该是多样但
63 相近的。几乎不能否认，我们所说的正是这种情况。当然，今天我们不再像马基雅维利（Machiavel）所写、或休谟（Hume）和博纳尔（Bonald）所认为的那样，以为时间中"至少有某种不变的东西：这就是人"。我们已经知道，人也经历了重大改变：思想上如此，可能最细微的身体机制也是如此。还能有别的情况么？他的心态环境已经发生深刻转变，他的卫生和食物状况也是如此。当然，人性和人类社会中也应存在某种不变的本质。如果没有这种本质，甚至人和社会的名称都没有任何意义了。如果我们只研究人在特定时刻、特定环境下的反应，我们能认为理解了人吗？即使对于那一特定时刻的人，光有实际经验恐怕也是不够的。很多潜在性暂时看来很不明显，但它们每时每刻都可能苏醒；个人或集体态度中的许多动因——或多或少是无意识的——仍处于阴影中。单一的经历始终不足以辨别其自身的真正要素，因而也不能提供确切的解释[34]。

【同样，由于各个时代之间具有很强的共性，对于不同时代的理解就具有双向关系。不了解现在肯定是因为对过去的无知。但是，如果对现在一无所知的话，要透彻地理解过去也可能同样是空想。】我在另外的地方曾提到过一件往事。当初我陪同亨利·皮雷纳去斯德哥尔摩。刚到那里，他问我："我们先去看哪里？看来有个崭新的市政厅。我们就从它开始吧。"接着他补充说——好像是为了回应我可能

的惊讶之情："如果我是古物学家，我的眼睛便只会关注古旧的东西。[35]我是历史学家，所以我热爱生活。"确实，对现实的领悟力恰恰是这名历史学家的一大优点。我们不要为[36]文风的平实所迷惑，我们中间所有伟大作家都有这种品质[37]：菲斯泰尔和梅特兰（Maitland）虽然显得更为严肃，但他们对生活的领悟力并不亚于米什莱。也许这种能力从根本上说是仙女的馈赠，除非你从小就具有这种能力，否则你休想得到它。然而，它同样需要不断地运用和发展。 64
否则怎能始终与当下保持接触呢？不过皮雷纳已经为我们树立了榜样。

人类生活的悸动【在此处】直接作用于我们的感知[38]，我们完全应该努力运用想象力，在古老文本中复活它。我经常看到、而且经常讲述关于战争和战役的叙述。然而，从认识一词的完全意义上说，在我亲身体验那种难以忍受的厌恶——对军队而言是被包围，对人民而言是战败——之中，我真的从内心里认识战争了吗？1918 年夏秋，我曾品味过胜利的欢欣——现在我很期望这一刻的到来，我的胸膛再次鼓起，但这胜利的芬芳将是完全不同的，如果没有这一经历，我真正懂得胜利这个美好词汇的含义吗？实际上，我们不管有意还是无意，归根结底总是从自己的日常经验中借用各种要素来重构[39]过去，当然必要时会给这些要素添上新的色彩；即便是我们用以表示已经消失的心灵状态、已经湮没的社会形式之特征的名词，也主要是让我们体验当时人的生活，否则它们毫无意义。若以自觉且克制的观察取代这种直觉印象，也许会更好【上百倍】。我想，如果一位伟大的数学家对其生活的世界视而不见，他仍不失为伟大。但是，如果博学者没有兴致去观察周围的人、物和事件，【他】也许就只配得上有益的古物学家的名号，就像皮雷纳所说的那样。他最好还是放弃历史学家的头衔。

另外，历史感知力的培养并不总是唯一起作用的要素。有的时候，在特定的[40]方向上，关于现在的认识对理解过去的重要性甚至更为直接。

有人认为历史学家采取的研究步骤必然以事件的次序为依据，但实际上这是个严重的错误。即使要真实地重构历史运动，以梅特兰所称“倒推”法去阅读历史通常也是有益的。因为所有研究的本来步骤都是从较清晰的或不太模糊的认识走向更朦胧之处[41]。当然，文献的清晰度不是规则性地随年代的后推而增强，远不是这样。比如，我
65 们关于10世纪的了解远不如恺撒和奥古斯都（Auguste）时代。不过多数情形下，最近的时代往往就是认识相对清晰的领域。另外，在机械地从古向今推进时，我们总是有可能把时间浪费在追逐现象的开端或原因上，因为根据经验来看，这些现象或许是虚构出来的。正因为省略了必要而谨慎的回溯方法，我们最杰出的历史学家有时会犯下离奇的错误。菲斯泰尔·德·古朗日曾关注封建制的“起源”，但我担心的是，他对这个问题只形成了一个相当含混的印象，而在农奴制【的开端】问题上，由于二手资料的描述造成的不良影响，他的看法可能是完全错误的。

为了同现实契合，研究就必须延及当下，这种情形无疑远比人们想象的普遍。我们已经知道，我国农村景观中的某些基本特征可追溯到十分遥远的时代。不过，要想解释那些可使我们深入朦胧的源头的稀少文献，要想正确地提出问题乃至得出见解，必须满足一个首要条件：观察和分析今天的景观。因为只有这样才能提供作为必不可少的出发点的总体视角。诚然，这并不是说这种景观凝固不变，在从今到古的每个阶段都必然能碰到。像在别的问题上一样，这里也有一种历史学家需要理解的变化过程。但在历史学家考察的电影胶片中，只有最后一张是原封未动的。为了修复被别的特征破坏了的特征，办法在于首先以与形成观点相反的路径去解开缠绕的线圈。

【因此只存在一种关于时间中的人的科学，这门科学始终需要把对死者的研究和对现实的研究结合在一起。如何称呼这门科学？我已

经解释过，为何古代的历史学名称含义最广泛、最少排他性、也承载着最多的关于勤奋努力的激动人心的回忆，这种努力何止延续百年！这个名称是最好的。因此，主张将这个名称扩展到对现在的认识——这一主张同某些偏见相反，虽然后者远不如这个名称古老——并不是追求任何形式的行会利益，再说我们不应抵制这种追求吗？人生太短暂，求知之路太漫长，即使最出色的天才也不能得知人类的全部经验。当前的世界总会有自己的专家，正如会有研究石器时代和埃及学的专家一样。无论是哪一方，都请记住，历史研究不应自给自足。任何一方如果孤立起来都只能是一知半解，即便是在他自己的研究领 66
域；唯一真正的历史是整体史，它只能在互助中产生。】

然而，一门科学的本质不仅仅在于它的对象。不过它的边界可以通过其方法的独特性来确定。但我们需要思考的是，既然时代离我们有远近之分，那么是否应该认为，相应的研究技巧具有根本差异呢？这就提出了历史考察的问题。

【注释】

〔1〕古希腊语中的历史即“研究”。——译注

〔2〕米利都的赫卡泰俄斯（约前 550—前 476）：古希腊史学家，著有《世界游记》。——译注

〔3〕】当然，从根本上说，每个人都会同意这样的看法：历史学家对自己的工作对象一开始有一个明确的看法并非无益。但这种对工作领域的认知必然导致某种辞典式的定义么？【

〔4〕这里的论述曾以非常不同的形式出现在第一稿的导言结尾处。这一段话是后来重写的，见于今天的两页手稿，编号为 I-1 和 I-2，最后的打字稿便以这两页手稿为依据。

〔5〕】而且是在重复。我们暂且放下过去和所谓的现在之间的断然区分所造成的人为的东西。【

〔6〕在不违背马克·布洛克的原意的前提下，我认为可以在此处加上他最初所作的脚注：“菲斯泰尔·德·古朗日 1862 年的开讲辞，见《历史综合评论》

（*Revue de synthèse historique*）1901 年第 2 卷第 243 页；G. 摩诺引述的米什莱 1829 年在师范学校的讲座，见《米什莱》第 1 卷第 127 页：‘我们既要研究个体的人，也要研究社会的人，前者是哲学，后者是历史。’还应该补充一句，菲斯泰尔后来在一个更紧凑、更丰满的说法——对这个说法的阐述我们刚刚看到，但总的来说，这个阐述几乎只是一个评论——中提到：‘历史不是堆砌过去发生的各种事件。它是关于人类社会的科学。’但我们将在后文中看到，这个说法可能会把人在历史中的作用贬低到极端；社会中的人和社会不是两个完全对等的概念。”

〔7〕】兴趣和【

〔8〕吕西安·费弗尔给这几个词加过着重号。

〔9〕吕西安·费弗尔用“起源”一词代替了原文中的代词 celles（译者按：指代“起源”），并在“现代法国的起源”之上加过引号和着重号。

〔10〕吕西安·费弗尔在“开端”之上加过引号。

〔11〕】基督教的起始点究竟在哪里？是孕育它的情感氛围？是地中海或伊朗世界？还是各种有关得救的宗教？是耶稣、保罗，还是确立基本教义的那几代人？【

〔12〕德语中的前缀 *Ur* 有“原始”、“太初”的意味，这两个德语词可理解为原始人、原始诗歌。——译注

〔13〕】的价值【

〔14〕巴雷斯（1868—1923）：法国作家、反犹主义政客。——译注

〔15〕】完全地【

〔16〕我觉得，吕西安·费弗尔划去了最后两句话，因为文稿上的画线好像不是出自我父亲的手笔。但这两句话出现在此前的稿件中。

〔17〕这一段和后面的两段以及第三段中的一部分（直到“过于亲密的接触”）的位置挪动了。这段话最初位于第一章第二节的第二段。

〔18〕】对此【

〔19〕光荣的三天指 1830 年的七月革命中的三天。——译注

〔20〕在原稿中，这个段落以这句话结束，而随后的一段以这句话开始：“然而并没有很一致的意见”。

〔21〕】——他们之中显然包括我过去的老师——【

〔22〕在原稿中这个段落及此前的两个段落位于第一章第二节中。

〔23〕】教师【

〔24〕】但是【

〔25〕宗教战争应指16世纪的宗教战争，朗格多克当时是新教的重要基地。作者这里的意思是说，较近的历史（如19世纪）未必比较远的历史（宗教战争）更容易受当下情感的影响。——译注

〔26〕在第一稿中，这一段的头两句出现在论述现在的性质的那一段之前，但表达形式颇有差异。

〔27〕吕西安·费弗尔更喜欢第一稿中的这段话："然而，不能解释……的存在。"

〔28〕】，上个世纪，【

〔29〕】而且【

〔30〕】这种格局依然主导着我国许多乡村的生活。【

〔31〕这一段全都重写过。

〔32〕我在别的地方也看到了这一点；几乎所有农业社会都固有的传统精神，其主要原因肯定在于劳动条件……【

〔33〕】：因此，用米什莱的话来说，"当下"唯有通过遥远的过去才能得到圆满的解释；否认这一点无异于落入同物理学家类似的错误【

〔34〕可以认为这一段文字是后来修改过的，它取代了第一稿中短得多的一段："过去和现在互为解释。对历史学家职业的实践来说，过去和现在之间的关系具有双重意义。如果他想理解现在，对过去的无知必将是不幸的，对应的说法——虽然人们并不总是注意到这一点——几乎同样正确。"

〔35〕】但我不是古物学家。【

〔36〕】真实【

〔37〕】只是表现为以不同的形式【

〔38〕】和我们的思想【

〔39〕】、想象【

〔40〕】研究【

〔41〕】，即从最近的走向最远的【

第二章　历史考察

1. 历史考察的一般特征

67　【我们开始确定无疑地置身于历史研究中。】

历史知识【，从这个术语的常用和严格的意义上说，】最明显的特征已经说过好多次。有人说，历史学家研究的事实本质上是他自己绝对无法见证的。任何埃及学家都没有见过拉美西斯（Ramsès），任何研究拿破仑战争的专家都未曾听见奥斯特利茨（Austerlitz）的炮声。对我们之前的时代，我们【因而】只能根据证据来言说。在证据面前，我们好像初审法官一样，努力去复原一桩我们并未见证的罪行；又像是因感冒而羁留家中的物理学家，只能通过实验室助手的报告来了解实验结果。一句话，与关于现在的知识相比，历史知识必然是“间接的”。

这些评论有[1]部分正确性，对此没有人会否认。不过，对这些话还须作细致的分析。

假设有位军队指挥官刚刚取得一场胜利，并在战场上亲自撰写战斗报告。他曾拟订作战计划，并指挥了战斗。由于战场范围较小【(为了使我们的例子能囊括所有关键要素，我们设想的是一场往日的遭遇战，战斗集中在狭小的区域)】，他当时能够亲眼目睹整个战斗的全过程。然而毫无疑问的是，在多个关键环节上，他将不得不仰赖于副官的报告[2]。【此外，当他成为叙述者后，他所能做的只能是参照 68
作战方针，虽然几个小时前他曾把方针付诸行动。为了按时间顺序确定战斗的演变过程和部队的运动，哪种信息对他最有用呢？是他在望远镜中看到的多少有点模糊的画面，还是飞驰而来的通信兵或副官的报告？指挥官一般不会只满足于自己所得的证据。然而，即便在这个十分有利的假想例子中，所谓现实研究的优势，即直接的观察，还剩下什么呢？

实际上，所谓直接的观察从来都只是个圈套：至少当观察者视野有限时是这样。】一套目击事件的文件汇编中足足有一半是别人见证的事情。我可以作为经济学家研究这个月、这个星期的贸易，但这须借助并非我本人编制的统计材料。作为当前热门问题的研究者，我需要调查公众对目前重大问题的看法，需要提出问题，需要记录、核对[3]、清点各种答复。而这些答复无非是受访者从自己的看法中得出的——虽然其表达多少有点笨拙——并愿意向我提供的印象。仅此而已。他们是我的实验对象。但是，解剖试验品的生理学家能亲眼发现他想找到的病变或反常情况，我却只能通过“街头行人”提供的情境来[4]认识他们的心理状况。因为，事件和言谈举止的庞大网络是构成群体命运的要素之一，但个人由于受感知力和注意力的严格限制，从来都只能窥见网络的冰山一角；【此外，】个人从来都没有即时的直接意识，除非是对于自己的心理状态[5]：因此人类的所有知识，不管它在什么时候运用，都始终需要从别人的证据中汲取相当多的内容。【在这一点上，现实问题的研究者的条件并不比历史学者的好多少。】

69 【但还有其他的方面。】对过去、即使是非常遥远的过去的考察，难道肯定总是如此“间接”吗？

认识对象与研究者之间的距离的印象，何以给众多史学理论家造成如此大的影响？其中的几个原因可以看得很清楚。这是因为，他们认为历史首先是[6]事件的历史，甚至是事件片段的历史：我指的是这样一些人——当然现在还不是评判他们对错的时候，他们认为准确地追述某些人物的行为、言论和态度具有极端的重要性，这些现象集中于一个为时较短的场景中，该场景就像古典时代的悲剧一样，会聚了当时的所有关键因素，如革命的日子、战争、外交谈判等等。有人曾记述道，1792 年 9 月 2 日，朗芭尔（Lambelle）公主的头颅被挑在枪尖上，在王室的窗户下巡回示众。这个故事是真是假？皮埃尔·卡隆（Pierre Caron）先生关于九月屠杀的著作十分令人信服，但他没说过此事。如果他有机会从坦普尔（Temple）的一个塔楼中注视这一可怕的场景，那他肯定会记下来。至少可以作这样的推想：既然卡隆能在当时的环境中保持学者的冷静，【正如人们可能认为的那样，】那么，以他记忆中公正的怀疑精神，他当时本应记下自己的评论。面对类似的情形，与对现实事件的确凿见证比起来，历史学家无疑会觉得自己的处境有点丢人。他好比处在柱子的末端，各种意见就从顶端一截截地传过来。要想获知可靠的消息，这的确不是一个特别有利的位置。不久前，在一次夜间换防中，我看到一列队伍[7]经过时，有这样一声叫喊：“注意！左边有【弹】坑！”但最后一名士兵听成了“向左转”，结果向左迈了一步，摔了跟头。

但还有别的偶然性。在公元前数千年建起来的一些叙利亚堡垒的围墙里，今天的考古学家在碎石堆中发现了【装满】儿童骸骨【的陶罐】。若认为这些骸骨出现在这里纯属偶然，大概不是合理的看法。我们面对的显然是活人牺牲的残骸，这些牺牲可能就是在建筑的时候进行并与该建筑直接相关。关于这一仪式所表达的信仰，我们的认识无疑要依靠当时留下的证据——如果存在的话，或者借助其他的证据进行类推。对于一种我们并没有的信仰，如果不借助他人的言说，我们怎能认识它[8]呢？【必须重申的是，】所有思想意识现象，只要它 70
对我们而言是陌生的，就都是如此。但另一方面，对于牺牲事实本身，我们的处境大为不同。准确地说，我们当然不能以绝对直接的经验去把握它，地质学家对于他所发现的化石也是这样，物理学家在面对布朗运动中发现的分子运动效应时同样如此。但我们有一种十分简易的推理方法，在排除任何其他的解释可能的同时，它可让我们从亲眼见证过的对象转向可作为该对象的证据的事实——简言之，【这一】基本的解释工作十分接近于【本能的思想活动】，没有这些活动，任何感觉都不能转化为感知——而这种方法根本不需要在我们和认识对象之间插入别的考察者。[9]方法论专家在谈论间接认识时，往往指历史学家通过别人的思想而获得的知识[10]。【这个术语可能不是很恰当，它仅指存在某个中介者，但不明白的是，这个中间环节在人的认识中为何一定是必须的。但我们不必在此纠缠，暂且接受这个常用的说法，但按这种说法，我们关于古叙利亚被封闭的献祭的认识根本不是间接的。

不过，过去的很多其他遗物也给我们提供了认识历史的坦途。这类遗物中不仅有大量的文字记录，数不清的非文献证据几乎都能为我们所用。如果最著名的史学方法理论家对考古学的特有方法的态度不是如此令人吃惊地冷淡，如果他们在资料问题上不那么执著于文字，在史实问题上不那么看重事件，也许他们就不会那么急切地催促我们走向始终处于依附地位的史学考察。在迦勒底（Chaldée）乌尔城（Our）的王室陵墓中发现了用天河石制成的项链残粒。由于最近的天河石矿脉位于印度中部和贝加尔湖周围，看来我们可以得出这样的结论：早在公元前第三个千年，幼发拉底河下游的城市就已经同十分遥远的地区建立了贸易联系。这个归纳可能很有说服力，也可能很不可靠。不管如何评判，无疑这是一种最经

典的归纳法；它以事实为依据，丝毫不涉及别人的言论。但是，有形
71 的文献远不是唯一值得去直接理解的史料。有如石器时代的工匠切削的燧石一样，】话语的特点、文本中记载的法律规章、【礼仪簿中确定或石碑上再现的仪式，】这些全都是我们自己能够把握、以严格意义上的个人思考所能利用的东西。【这里不需要借助任何别的转达者。如果按刚才的比较，历史学家绝不是非得通过外人的报告才能得知实验室的情况。报告总是在试验完成之后才能到来。但是，如果环境有利的话，试验会留下一些残余，对历史学家而言，亲眼看到这些残余并非不可能的事。】

因此，若要指出历史考察中无可辩驳的独特性，最好使用更为清晰、含义更为广泛的术语。

在目前的情况下，第一个特点，【按弗朗索瓦·西米昂的中肯说法，】对过去的人类事件的认识大部分是追溯痕迹得来的。当问题涉及叙利亚城堡中的献祭、某个形式上或用法上能体现某种风俗的词语、某篇由一个古老【或较近】的场景的见证者写下的记录时，我们理解的文献，如果不是某种“痕迹”（“trace”），即一个本身已不可能为人掌握的现象所留下的可被感知的标记，那它还能是别的东西么？这个现象最初是否像原子一样，本质上是人的感知无法认识的，唯有在云雾室（chambre de Wilson）中才能显示其轨迹；它是否经历时间的变迁而成为今天的面貌，就像蕨类在数千年的腐蚀后将其印记附着在煤块上一样；它是否像久已失落的庄严仪式，但人们依然能在埃及庙宇的墙壁上看到有关的绘画和评述——所有这些问题都不重要。在这两类情形中，重构的步骤是相同的，所有学科都为此提供了丰富的榜样[11]。【不过，虽然各专业的众多研究者只能通过其他衍生现象来把握某些关键现象，但远不能认为不同的研究者所运用的手段是完全平等的。比如物理学家有可能制造出某些痕迹。相反，另一
72 些研究者只能期待偶然的作用，但他们对这种偶然性毫无影响力。】

在这两种情况下，双方的处境显然迥然不同。人类事物的考察者处于何种境地？这里有必要再次探讨时代问题[12][13]。

【如果所有稍微复杂一点的人类事件都不可能复制或不具有有意识的方向，那事物看来就是自发的；我们稍后再谈这个问题。当然，】从最基本的感知能力到最精细的智力和情感文本[14]，都可以用来进行心理学实验。但这种实验只适用于个体，它几乎完全无法研究集体心理。人们几乎不能——就算他们可以的话，他们几乎也不敢——认真地提出恐慌问题或宗教狂热运动的问题。但是，如果研究的现象是在当下或十分切近的过去，不管事态的过程如何不能重复或使其发生变化，但毕竟研究者面对它的痕迹时不是那么束手无策。他可以逐字逐句地引述研究对象的痕迹[15]。而这些东西就是见证者的报告。

1805 年 12 月 5 日奥斯特利茨的经历今天顶多能进行重述了。但是，某个团在这场战役中有何作为呢？如果拿破仑希望【在停火几小时后】了解这一点，他会让军官提供报告，三言两语就足够了[16]。难道当时没有任何这方面的记述（无论是公开的还是私下的）吗？难道[17]写下来的报告遗失了吗？我们总是徒劳地提出这类问题，但它很可能永远没有答案，【还有更多更重要的问题也是这样。】哪名历史学家不曾梦想和尤利西斯（Ulysse）一样，可以喂养鬼魂以求问于他们？【但现在不是招魂术（*Nekuia*）的时代，我们已经没有别的机器
去回溯时间，除了开动大脑，利用过去时代留下的资料。】 73

【当然不应该夸大现实研究的有利之处。】我们且设想，那场战役中所有的军官、部队的全体成员都已死去；或者更简单一点，设想幸存者中没有谁的记忆力和注意力值得信赖。这样一来，拿破仑也不比我们[18]的处境更好。不管是谁，【哪怕是最卑微的人物，】一旦参与了某个伟大的行动并知道了这一点，几小时后总会有个环节——通常还是关键环节——是他无法说清楚的。还应注意到，不是所有痕迹都能【如此轻易地】引起事后的联想。如果海关忘记登记 1942 年 11 月

每天的进出口货物，我在 12 月就根本无法评估上个月的外贸状况。【一句话，最遥远的研究和最切近的研究，其差别仅仅在于程度问题，而不涉及方法论的根本。然而，这种差别并不因此就不重要，还是应该指出差别带来的后果。】

从本质上说，过去是根本不能改变的既定事实。但对过去的认识是个发展的事物，它处在不断的改变和完善之中。谁要是对此有疑虑，只要提醒他一个多世纪来我们的[19]亲眼所见就足够了。人类历史的许多宏大面目被揭开了。埃及和迦勒底抖去了尘封的泥土。中亚湮没的城市展现出今天已无人会说的语言，还有它们久已消失的宗教。在印度河畔，一个【完全】不为人知的文明刚刚从坟墓中走出。【这还不是全部。】研究者们继续在图书馆中爬梳，在古老的土地上开掘出新的堑壕，但这些创造性活动不是唯一【，也许还不是最有效的，】丰富历史认识的途径。一些未知的研究方法也已崭露头角。与先行者比起来，我们现在能更有效地通过语言来探究风俗，通过工具来考察劳动者。特别重要的是，我们在对社会事实的分析中能[20]做得更为深入。关于大众信仰和仪式的研究才刚刚展开。不久前，古尔诺在列举历史研究的各个方面时甚至[21]没有想到经济史，不过经济
74 史的确也才刚刚起步。这些都是千真万确的，但这也向我们展现了广阔的前景。当然不是不着边际的前景。化学这样的学科能产生真正无止境的进步意识，【化学甚至能创造出自己的认识对象，】但我们拒绝这种意识。

探究过去的人不是完全自由的人。过去[22]是他们的暴君。它不允许研究者从中得出任何它自身不曾呈现出的认识【，不管这种呈现是有意还是无意】。我们无法确定墨洛温（Mérovée）时代的价格统计表，因为没有任何文献能提供数量充足的价格资料。又如，我们对 11 世纪欧洲人的心态世界的了解，肯定比不上对帕斯卡尔和伏尔泰时代的心态的理解：因为我们既没有 11 世纪的【私人】信件，也没有忏悔词；我们只有一些[23]糟糕的传记，而且风格千篇一律。由于

这种欠缺，整个这一段历史看起来肯定有点苍白，是个没有个人的世界。【但我们不要过分地抱怨。我们虽然不得不接受这一不可改变的局面，但我们——这些受新兴人文科学嘲笑的可怜门徒——的处境并不比我们的很多同僚更为不利，即使他们从事的是更为古老、更加自信的学科。】这是所有以考察逝去的现象为己任的研究工作的共同命运，在我看来，一个没有文字资料的史前史专家在重建石器时代的宗教礼仪时面临的困难，并不大于古生物学家研究蛇颈龙的内分泌腺时碰到的困难，因为蛇颈龙剩下的只有骨骸了。“我不知道，我也无法知道”，这样的话总叫人失望。只有在进行过全身心的、几近绝望的研究后才能这样说。但有的时候，学者最重要的责任是【在作过所有尝试后】接受自己的无知，并诚实地承认自己的无知。

2. 证　据

“图里奥伊（Thourioi）的希罗多德在此陈述他的研究，以使人为之业绩不致因时代久远而被遗忘，使伟大高贵之举——无论是希腊人还是野蛮人所为——不致失去其光辉。”这就是完整地保留至今的最古老的西方历史著作的开篇词。除了这部著作，我们能举出其他的材料，如【法老时代】埃及人放在墓中陪葬的一份境外旅行指南。于 75
是我们面对着两大类史料，过去留下的大量迥然不同的文献分属于这两类，这就是历史学家可以利用的证据。第一类证据是有意留下的，第二类则不是。

【实际上，】当我们为了了解信息而去阅读希罗多德或傅华萨（Froissart）、霞飞（Joffre）[24]元帅的《回忆录》，【最近】德国人和英国人关于袭击地中海的一支船队的报告（虽然双方完全是矛盾的），我们所能做的难道不就是准确地获知这些文字的作者期待向我们传达的信息吗？相反，死者纸草卷上的套话只是人在临终前背诵给神听的；最近考古学家在附近的湖上发现史前的住房，房子的主人之所以扔掉厨房里的残余物，目的仅仅是防止弄脏他们的草房；教宗的豁免谕令被十分谨慎地保存在修道院的柜子里，为的是在必要的时候亮给某位讨厌的主教看看。【在上述情形中，向旁人进行解释，当时人或后来历史学家的意见，统统都不在考虑范围之内。】中世纪史专家【于 1942 年】可在档案馆里翻阅卢卡的塞达默家族（Cedames de Lucques）的商业通信，如果他也这样随意查阅今日金融家的信件，那会被后者斥为泄露秘密。

然而，叙述性资料——在有点巴洛克色彩的法语中，这是个约定俗成的说法——【，也就是旨在告知读者信息的有意识的记述，】——始终是研究者的珍贵助手。它具有各种优点，其中的一条是，它通常是唯一能提供具有一定连续性的时代框架的史料。如果没有希罗多德，史前史专家、印度史专家该怎么办呢[25]？【但毋庸置疑的是，第二类证据，】正是对于第二类证据，历史研究在其发展过程中给予了越来越多的信任。比较一下罗兰（Rollin）[26]或尼布尔（Niebuhr）撰写的罗马史与今天出版的任意一本罗马简史：前者显然从狄特-李维（Tite-Live）、苏维托尼乌斯（Suétone）和弗洛鲁斯（Florus）[27]的作品中汲取了大量素材，而后者主要借助于铭文、纸草卷和钱币。过去的整段历史只能用这种方法来重建：全部的史前
76 史、几乎整个经济史和社会结构史。甚至在今天，我们中间谁不想先掌握内阁的秘密文件、军事首脑的机密报告——而非 1938 年或 1939 年的各种报纸[28]——呢？

【这并不是说，这类文献比其他文献容易避免错误和谎言的毛病。冒牌的教皇谕令不在少数，也不是所有的大使报告、商业信件都在讲真话。但是，这类文献中的歪曲——如果确实存在的话——至少不是刻意留给后代人看的。尤其重要的是，它是历史在其漫长的旅途中不经意之间留下的痕迹，我们不仅可以在必要时利用它来弥补叙述性资料的空缺，或者来检验后者的真实性；它还可使我们的研究远离比无

知或不确定更为致命的危险：这就是不可救药的僵硬化的危险。没有它的帮助，历史学家在思考过去的时代时，必然很容易被那个时代的偏见左右，容易自作聪明，并受那个时代的局促视野的束缚；比如，中世纪史专家对公社运动很不重视，他们的理由是，中世纪的作家不愿将这类事件告诉公众；他们还轻视宗教生活中的重大冲动现象，理由似乎很充足：在中世纪的叙事作品中，这类现象所占的篇幅远远小于封建主战争的篇幅；（用米什莱喜欢的对比法来说，）历史学越来越不像一往无前地探索过去时代的冒险家，它更像一成不变地照搬往日纪年的木讷学生。】

另外，在人为意图最明显的证据中，文献明确向我们表达的东西已不再是今天我们优先关注的对象。我们总是以更多的热情去关注那些留给我们去理解却不愿说出来的东西。在圣西蒙（Saint-Simon）〔29〕的作品中，哪些东西对我们更有用呢？是那些经常属于捏造的当朝事件，还是《回忆录》在展现太阳王宫廷中一位大贵族的心态方面的重大启示呢？中世纪早期的圣徒传记虽然试图【向我们】讲述那些笃诚之士的生平，但我们至少在四分之三的作品中根本得不出有关这类人物的可靠知识。然而，我们可以从中考察作品创作时代特有的生活方式和思想方式〔30〕，以及这类作品根本不愿向我们展示的
任何东西。这样它们就有不可估量的价值。【因此，】虽然我们必须面 77
向过去，注定只能通过【过去的】痕迹来认识它，但我们至少能有一点突破，从时段上说，我们认识的过去可以远远长于过去本身向我们揭示的时代。【有充分理由认为，这是理解力对资料的一大回报。】

但是，当我们不再满足于简单地记录见证人的言谈，当我们试图让他们说话时，【哪怕这有悖他们的意愿，】有个问题比任何时候都更紧迫地提了出来。实际上，这个问题涉及所有严肃的历史研究的首要和必要条件。

很多人，似乎还有〔31〕某些教科书的作者，对我们工作步骤的看

法惊人地天真。他们很自然地认为，我们肯定是从资料开始。历史学家搜集资料，阅读资料，[32]权衡资料的真实性和可信度。在此之后、也仅仅是在此之后，他们便利用资料……这种看法只有一个不妥之处，那就是：从没有哪名历史学家是这样工作的——即便他偶尔自认为是这样。

因为，即使表面看来至为清晰和直接的文献和考古资料，也只有在人们考察它们的时候才会[33]说话。在布歇尔·德·培尔特(Boucher de Perthes)[34]之前，索姆河（Somme）的冲积层上已有大量的燧石，跟今天一样。但这位考察者还没有到来，因而这里也就没有史前史。作为一名上了年纪的中世纪史专家，我几乎不知道还有比契据集更吸引人的资料了。这是因为我大致了解我想要从中得到的是什么。相反，一部罗马铭文集对我就没有多大意义了；虽然我好歹能看一点，却不知如何去运用。换言之，任何历史研究从一开始就预设了研究方向。研究从思考开始。[35]【在任何科学中，】被动消极的考察从不会得出成果，如果这种考察真的存在的话[36]。

在这一点上我们不应有错觉。当然，问题有时纯粹是凭直觉提出的。但毕竟提出了问题。即使研究者没有意识到这一点，但他的研究仍受各种信念和踌躇的左右，而这种信念和踌躇是传统、常识——很多时候也是共有的偏见——将他先前的经历不知不觉地刻写在他脑海
78 中的。人的接受力绝不像自己认为的那样宽大。如果告诫刚入门的研究者【就这样】在表面的克制中等待材料的启示，那真是再糟糕不过的建议了。不止一个意愿良好的研究因此而归于失败或毫无意义[37]。

当然，合理的问题选择是极为灵活的，在选择的过程中，大量的新问题会带来各种惊喜。然而，问题的选择从一开始就像磁铁吸引铁屑一样筛检史料。探险者出发前就会确定好路线，但他很清楚，自己不会步步都遵照路线图。然而，如果没有路线图，他可能永远都在漫无目的地游荡。

历史证据几乎具有无限的多样性[38]。人的一切言论和著作、一切制作、一切接触过的事物，都可以也能够揭示他的状况。有趣的是，很多不了解我们工作的人对史料多样性的范围的判断十分狭隘。这是因为他们仍然固守着关于历史学的陈旧观念，这个观念属于几乎只知道阅读有意识留下的史料的时代。保罗·瓦莱里指责“传统史学”对“重大现象”视而不见，但这些现象“比所有政治事件的影响都更大，更能改变未来的生活”，为此他举了电力“征服世界”为例子。对此我们鼓掌称是。遗憾的是，他的说法千真万确，对这个重大主题的确没有认真的研究[39]。不过，瓦莱里先生在证明他所谴责的那种错误时严厉得有点过头，他说这类重大现象必然不受历史学家的关注，因为“任何文献都没有明确提到它们”；然而，当他从学者转向学科时，他便找错了指控的对象。谁会认为电力企业不能有档案记录、耗用一览表和电网扩展图呢？确实，历史学家至今仍忽视这些材料。他们当然犯了【很大的】错误——【但】这种责任可能应由那些【可能】过分看重这类宝贝资料的保管人来承担。所以还需要耐心。历史学还不具备它应有的面貌。因此，不能将这类错误归咎于可能状态的历史学，它们属于为人误解的历史学的错误。 79

不过，我们素材中的这种极端的差异性特征产生了一个困难：这个困难[40]足可以列为历史学家职业中【三四个最大】的悖论之一。

设想每个历史问题都有一类特别的、专供该研究使用的资料，这是个严重的错觉。相反，研究越是达到事件的深处，就越不能指望显而易见的东西，唯有各种本质上迥乎不同的证据提供的微弱启示交汇在一起。哪位宗教史专家愿意满足于查阅神学论文和圣歌汇编呢？他深知，对于过去的信仰和情感而言，神庙墙壁上的绘画和雕刻、陵墓的布局和器具所揭示的东西至少与文字一样丰富。我们关于日耳曼人入侵的认识既依赖于对纪年和文书的分析，同样也依赖于墓葬考古和地名学研究。时代越近，研究的要求肯定也有所不同。但这类要求并不因此就不那么严格。如果要理解今天的社会，谁会认为埋头阅读议会辩论和使馆文件就够了呢？难道不应该学会解释银行的借贷对照表么？对外行来说，这类资料可比很多象形文字还要难。在一个机器统治的时代，怎能认可不了解机器的构成和维修方法的历史学家呢？

在所有重大的人类问题上，都需要处理各种相互对立的证据，但反过来说，正是因为有不同类型的证据，学术方面的技巧也必然有所不同。每种技巧的习得都是个漫长的过程，完全掌握技巧需要更漫长的、几乎不间断的实践。【比方说，】少数研究者可以夸耀说，他们能同时解读和评判一份中世纪文书，正确地解释地名（这首先是个语言事实），准确地核定史前凯尔特人和高卢罗马人住址遗迹的年代，分析草地、休耕田和荒地的植物群丛。没有这一切〔41〕，怎能指望写出土地使用的历史呢？我认为，很少有哪门科学必须同时运用这么多不同的工
80 具。这是因为人类事实是至为复杂的现象，是因为人处于自然的顶端。

我觉得，历史学家对于其职业中的所有重要技艺至少应略知一二，这不仅是有益的，而且是必须的。哪怕这只是为了事先了解工具的用途以及运用工具的困难。我们在教学中为入门者提供的“辅助学科”名单太短了。有些人在多数情况下仅仅通过语言接触来研究对象，如果他们连语言学的基本学养都不具备——且不论其他的不足——岂不是太荒唐〔42〕？不过，不管素养更好的研究者可能掌握多么丰富多样的学识，学识总归有限度，而且通常很快就会体现出来。唯一的解决办法是，学者以各种虽有不同、但【全都】服务于单一主题之阐释的学识来建立起实践性的综合技能，并以此代替〔43〕能力的多样性。这种方法就需要提倡团队研究。它还要求预先以共同协商来确定某些具有主导意义的重大问题。这方面的工作我们做得还远远不够。但毫无疑问，这样的工作在很大程度上决定历史学的未来。

3. 证据的流传

历史学家最〔44〕困难的任务之一是搜集他认为必须的资料。如果

没有各种向导工具的协助，他几乎无法搜集资料，这类工具如档案馆和图书馆的目录、博物馆的名录、各种文献索引〔45〕。【有时】一些颇具骑士风度的学者，他们〔46〕很奇怪为什么某些学究花那么多时间去写作类似的著作，而所有研究者还要浪费时间去学习和利用它们。这类工作虽然并非〔47〕没有某种内在魅力，但肯定缺乏罗曼蒂克色彩，若是把时间浪费在这上面，无异于最糟糕的、最终无可挽回的精力浪费。〔48〕我有理由对〔49〕圣徒崇拜的历史感兴趣，但【请假设】我 81
又不知道圣徒传记续编者〔50〕的《拉丁圣徒传记丛书》（*Bibliotheca Hagiographica Latina*）：那么【材料上的欠缺使】我花费的愚蠢而徒劳的工夫将有多大呢？【如果你不是专家，也许你很难设想这一点。】实际上，真正让人遗憾的不是我们已能将大量工具类书籍【专门的指导手册中已经提供了内容目录清单】放到图书馆的书架上；而是这类书籍还很少，尤其是关于较近时代的；它的编订只是偶尔才有构想合理的整体计划，法国尤其如此；最后，它的出版太过经常地取决于个人意愿，甚或因某些出版社并不明智的节俭而搁置。出色的《法国历史资料集》（*Sources de l'histoire de France*）的第一卷——应归功于埃米尔·莫里尼埃（Émile Molinier）——自从1901年面世以后就没有再版过。仅此一事就可提起控诉〔51〕。【当然，】工具还不是科学。但是，一个声称尊重科学的社会不应该对工具建设漠不关心。当然，在这个问题上，社会最好也不要过分依赖学术团体，因为这类团体的入选标准看重的是资历，且倾向于乖巧的学生，但它们不是特别青睐进取精神。在我国，军事学校和参谋部并不是在汽车时代还保留着牛车心态的唯一机构。

然而，不管路标如何精确，如何稠密，如果研究者对自己即将探索的领域事先没有认识，路标所起的辅助作用也是微乎其微。资料不会因为神明的神秘【而离奇的】旨意而出现，虽然刚入门的研究者有时会这么想。档案馆深处、〔52〕图书馆中、土地中能否发现资料，这取决于人的因素，而人的因素完全能够加以分析。资料的流传远不止

是个技术运用的问题，它本身就反应了过去生活的最隐秘之处，因为
82 其中涉及的正是记忆的代际传递问题。在严肃的史学著作的开头处，作者一般会给出一个名单，以说明他参阅的档案的编号和他使用的文献集。这是很好的做法，但还不够。一部历史著作若想配得上史学作品这一称号，就应该有这样一章——如果愿意的话，也可在论述过程的转折点上插入一系列的段落，这类章节的标题或可名为："我如何知道我将要言说的东西？"我深信，在了解此类告白后，即便是非专业的读者也会体验到真正的思想上的愉悦。历史研究的景致，无论是其成功之处还是其困难挫折，都不大会是令人厌烦的。干巴巴的事实才是冰冷乏味的东西。〔53〕

〔54〕我曾接待过一些来访的研究者，他们希望撰写他们乡村的历史。一般来说，我会用下面的话来答复他们（这里我稍作简化，免得因细枝末节而显得不合时宜）："农村公社很少而且很晚才有档案记录。相反，作为一个组织相对较好、具有连续性的单位，领主领地〔55〕一般很早就开始保管自己的文书。所以，对 1789 年之前、特别是最古老的时代而言，你们所能利用的主要资料应来自领主领地。【这样一来，】你们必须回答一个几乎关系一切的问题：1789 年时，谁是村子的领主呢？"（事实上，村子被好几个领主分割的情况绝不是不可能的。为了简便起见，我们且把这个假设放到一边。）"可以想见三种可能性。领主权可能属于某个教堂，属于某个【大革命期间】流亡的平信徒，属于某个没有流亡的平信徒。第一种情况最为有利，且有利得多。资料不仅可能管理得更好〔56〕，而且可能历时更久远。当然，1790 年以后，由于实施教士公民组织法，教会的资料也随土地一起被没收，后来存放到公共档案室中，我们有理由期望这些保存基本完好的资料能继续为学者所用。领主流亡的情形也【相当】不错，
83 虽然〔57〕肯定也有没收和转移的情况，但令人担心的风险顶多是，这些资料被当做一种可耻制度的遗迹被故意毁坏。还剩下最后一种可

能，它最让人苦恼。这些'前贵族'（ci-devant）没有离开法国，并以某种方式逃脱了救国委员会的法律的打击，他们的财产因而毫发无损。当然，他失去了领主权益，因为这些权益已被全面废除。但他保全了个人财产，因而也保存了经济文件。国家从未要求上交这些文件，因此，我们要找的这类资料在19世纪和20世纪的命运，与所有家庭文书的命运是一样的。即使它们没有遗失，没有被老鼠啃噬，没有随转卖和继承而散落在不同村庄的好几处人家的仓房中，但它们今天的保管者无论如何没有丝毫的责任要将它们交出来【给你们】。〔58〕"

【我之所以在这里引述这个例子，是因为我觉得它十分典型地说明了资料收集中经常碰到的决定性和限制性条件。对其中的教训作进一步分析不无裨益。】

〔59〕我们刚刚看到的大革命的没收政策所扮演的角色是通常能保佑研究者的女神，这个女神就是灾难。罗马时代无数的自治市已经变成默默无闻的意大利小城，考古学家在这些城市里只能费力地找到一点古代的遗迹；而庞培城之所以保存下来，仅仅是因为维苏威火山的喷发〔60〕。

当然，人类的重大灾难远不总是为历史研究提供帮助。【罗马】帝国官僚机构中珍贵的文献，随文学和史学残稿一起湮没在蛮族入侵的纷乱中。在我们这个时代，两次世界大战抹去了一片光辉土地上的历史遗迹和档案机构；我们已无法翻阅伊普尔（Ypres）老商人的通信，而在溃败途中，我曾看到军队的指令簿被烧毁。

另一方面，没有热情和冲动的宁静而连续的生活，远不像人们通常认为的那样有利于记忆的传承。是革命打开了铁柜子的门，并迫使大臣在来不及烧毁秘密文件之前仓促逃亡。在古老的司法档案中，破 84
产记录为我们提供了一些企业文件，如果这些企业经营体面良好的话，大概它们会将文件夹中的资料销毁。正是由于修道院制度惊人的持久性，圣但尼（Saint-Denis）修道院还能在1789年保存着一千多年前墨洛温国王们颁给它的文书。但今天我们要到国立档案馆才能看到它们。如果圣但尼的僧侣社团能在大革命中存活下来，那我们不就可以在他们的文件柜中查阅资料了吗？同样，如果不是耶稣会向世俗人士开放它的文献收藏，近代的很多历史问题可能【永远】没有澄清的希望；如果当事人还抱着行会的心态，法兰西银行也不会邀请第一帝国的专家们审阅它的账目——包括那些尘封已久的账目。正是在这一点上，研究当下的历史学家处于明显的不利地位：他几乎完全得不到此类不经意留下的可信资料。他的确可以得到某种补偿，这就是朋友在他耳边透露的秘密。可是，这种消息很难与道听途说的东西区别开。一次真实的灾难【通常】更适合于我们的研究。

当社会不再依靠自身的灾难来传承历史记录时，它至少应以合理的方式、利用自己的记忆来组织对自身的认识活动。要达到这个目标，必须直接向造成遗忘和无知的两大责任者发起进攻：第一是导致资料散失的粗枝大叶，第二【甚至更加危险】是对保守秘密——外交秘密、商业秘密，还有导致资料被隐藏或摧毁的家庭秘密——的狂热之情。公证人自然〔61〕有责任为客户保守业务上的秘密。但是，由于允许公证人对客户的曾祖父传下来的契约也蒙上密不透风的神秘色彩——当然，没有任何法律明令禁止他〔62〕销毁这些文件——我们的法律〔63〕【在这方面】真的很迂腐。大部分大型企业都拒绝公布对国民经济的健康运转必不可少的统计资料，但就其动机而言，这种做法大多不够光彩。如果有一天，这一被视为行动方针、乃至资产阶级美德的掩饰行为能被废弃，取而代之的是对知识的兴趣——或曰对知识交换的兴趣，那么我们的文明将会有一个巨大的进步。

85 【还是让我们回到村庄史的问题。】在这个明确的个案中，决定证据的丢失或保存、可得或不可得的具体形势，其根源就在具有普遍特征的历史力量中；这些形势没有任何不能被完全理解的特征；但是，虽然它们可以决定研究对象的结局，但与研究对象本身没有任何逻辑关系！因为——打个比方——人们显然不明白，对一个中世纪小型农业村庄的研究，其清晰程度为何取决于几个世纪后村子的主人是否想加入科布伦茨（Coblenz）的聚会队伍[64]。[65]没有比这更常见的不对称了。【如果说我们对罗马时代埃及的了解要远好于对当时高卢的了解，那不是因为我们对埃及人更感兴趣，而是因为埃及的干燥气候和木乃伊墓葬更有利于保存文字史料，而西方的气候和风俗注定要很快毁坏史料。一般来说，决定搜集史料成功与否、史料能否符合我们要求的原因是各不相同的。这是一种无法消除的不合理因素，它使我们的研究有点内在的悲剧性，这种悲剧性既是众多研究工作的局限所在，也是它们具有魅力的一个潜在原因。

在上引例子中，关键事实一旦明了，各个村庄的史料的下落几乎是可以预见的。但情况并不总是这样。】有的时候，最终的结果可能是在各种因果链的交汇之中，但这些因果链彼此毫不相干，而且数量众多，以致任何预测都是不可能的。据我所知，连续四场大火加上一次抢劫，严重破坏了卢瓦尔河（Loire）上古老的圣本笃修道院的档案室；当我涉足这里的文献时，我怎能事先知道哪些材料幸免于上述灾难呢？人们所称的手稿流转是个极有意义的研究课题。一部文学作品的片段，在经历各个图书馆、被人抄写复制、因为图书管理员（和抄写员）的细心或大意而带上的各种特征，这些都强烈反应了文化变迁和各大文化思潮的不同影响。但是，即使是最有远见的学者，也无法预见塔西陀（Tacite）《日耳曼尼亚志》（*Germanie*）的唯一手稿会于16世纪出现在赫斯菲尔德（Hersfeld）修道院。一句话，【几乎】 86
每个文献研究本质上都有某种意外，因而也有某种风险。一个我熟悉的研究者曾向我讲述说，当他在敦刻尔克（Dunkerque）遭受轰炸的海岸上等待未必能到来的船只时，由于没有表现出过度的焦急，他的一个战友带着惊讶的神情对他说："真是奇怪！你好像并不讨厌命运的侥幸。"我的朋友可以回答说，虽然有这种偏见存在，但研究工作的习惯根本不影响对确定之物中的偶然性的轻松开放心态。

【注释】

〔1〕】很大【

〔2〕】，而副官的报告很大程度上是借助于下级军官提供的信息【

〔3〕】并【

〔4〕】亲自【

〔5〕】由于具有内省性质，这种意识还相当脆弱【

〔6〕】另一种【

〔7〕】试图【

〔8〕】的面目【

〔9〕】史学【

〔10〕】。如果间接认识是这个意思的话，我们关于叙利亚的牺牲的知识便不是间接认识。【

〔11〕】但这里对第一个特点作一点补充：这些痕迹是考察者无法自行将其显示出来的。问题涉及过去时总是这样，问题涉及现在时经常也是如此。【

〔12〕第一稿中此后有一大段，但在这个版本中被删除。

〔13〕在第一稿中，该段中的最后两句位于另一段中，后者的第一句是："但我们要注意。"

〔14〕】，一句话，【

〔15〕在第一稿中，这段话一开始是这样的："但这种实验毕竟只适用于个体"，但这段话后来做了很大的修改和发挥。

〔16〕】（除非是要提交一份供批判的报告；我们随后再探讨这个方面）【

〔17〕】可能曾【

〔18〕】所处的【

〔19〕】一切【

〔20〕】比他们【

〔21〕】还【

〔22〕】本身【

〔23〕】当时人【

〔24〕傅华萨（约1337—1405）：亦译弗鲁瓦萨尔，中世纪法国史学家。霞飞（1852—1931）：法国将军，第一次世界大战期间曾担任法军统帅。——译注

〔25〕在第一稿中，这一段位于有关圣西蒙和中世纪圣徒的那一段后面，而且原稿有所不同。

〔26〕此指的应是法国历史学家 Charles Rollin（1661—1741）。——译注

〔27〕弗洛鲁斯：古罗马史学家，约生活于图拉真和哈德良时代。——译注

〔28〕】，以及所有关于战争起因的作品【

〔29〕圣西蒙：路易十四时代的一位贵族，不是空想社会主义者圣西门（Claude Henri de Saint-Simon，1760—1825）。他对太阳王的专权和市民阶层的上升深感不满。——译注

〔30〕】和制度，【

〔31〕】我们【

〔32〕】评判史料，或者说，【

〔33〕】真正【

〔34〕德·培尔特（1788—1868）：法国考古学家。——译注

〔35〕】历史学和所有科学都是如此。【

〔36〕在第一稿中，这一段和后面一段出现了两次，分别在第一章和第二章，但文字有很大的不同。

〔37〕】。一个明确而合理的问题选择要好上百倍【

〔38〕】，我曾指出过这一点，【

〔39〕】。各种严重扭曲我们对世界的看法的陈规都应到严厉谴责【

〔40〕】——虽然那些作外部判断的人一般感觉不到——【

〔41〕】——以及很多其他的东西——【

〔42〕在第一稿中，此处插有一个例子，这个例子经修改后挪到了定稿的第四章中。

〔43〕】技术【

〔44〕】长期和最【

〔45〕】，根据内容编制的文献或图表汇编【

〔46〕】假装【

〔47〕】总是【

〔48〕】如果【

〔49〕】天主教欧洲的【

〔50〕】编订【

〔51〕】我想勒南不会是对观念和诗意无动于衷的人。他在 1841 年关于这类工作的言论始终正确但始终不为人理解："我可以肯定地对您说，公共教育部部长在这方面投入几十万法郎，其用途将强过对文学方面四分之三的投资。"【

〔52〕】手稿【

〔53〕在第一稿中，随后有一段很短的文字，在这一版中被删除。

〔54〕】因为职业的原因，【

〔55〕"领主领地"的原文是 seigneurie。它指的应是领主权，即封建主对土地享有的各种权益。这里为了行文的方便而采用这一译法。——译注

〔56〕】更有序【

〔57〕】，1790 年，【

〔58〕】即使面对这种情况，最终放弃计划中的研究也不一定是唯一的出路。【

〔59〕】在刚刚看到的例子中，【

〔60〕】猝然打断了它的命运之链【

〔61〕】，也应该【

〔62〕】遗失【

〔63〕】规章【

〔64〕此处删除了第一稿中的几句话。

〔65〕这段话理解起来有点困难。译者认为，"参加科布伦茨的聚会队伍"指的可能是法国大革命期间贵族（即村子的主人）的流亡，因为当时德国的科布伦茨是流亡贵族会聚之地。在这个例子中，"具体形势"指的应是法国大革命，它对史料状况影响可能很大（当时有自发或有意识的焚烧历史文献的行为）。法国大革命决定了研究对象的结局（村子的主人流亡），但中世纪的村子（研究对象）与法国大革命（决定其史料状况的具体形势）并无逻辑关系。——译注

第三章　史学批评

1. 批评方法简史

证人的话语[1]并不必然是可信的，最天真的警察[2]也深知这一 87
点。就算不能总是从理论认识得出这一看法，这种看法本身也是应该坚持的。同样，人们很早就注意到，不能盲目地接受所有的历史证据。一个几乎像人类一样古老的经验告诉我们，不少文献自称有个子虚乌有的来源[3]：所有这类叙述都不真实，而且各种有形的痕迹【本身】也可能是伪造的。在中世纪，面对如此众多的赝品[4]，怀疑【通常】是自卫的一种天然反应[5]。“只要有墨水，任何人都能想写什么就写什么”，11 世纪的一位洛林（Lorraine）小贵族曾在诉讼中对他的僧侣对手们这样喊道，后者正是拿着文献证据来控诉他。《君士坦丁赠礼》（*Donation de Constantin*）——8 世纪时一位罗马僧侣以第一位基督教皇帝的名字命名的著名伪造品——问世三个世纪后，笃诚的皇帝奥托三世（Othon Ⅲ）的近臣们争相获取它。几乎就在圣骨出现的同时，人们便已开始追逐假圣骨。

然而，对出处的怀疑并不是一种比轻信更为可取、更为积极的思想态度，在很多稍显简单的人的头脑中，这两种倾向很容易同时出
88 现。在上次战争中，我结识了一位兽医，他根本不相信报纸上的任何消息。这种态度表面来看并非没有理由。但是，当一个[6]伙伴偶然间向他讲述一些最离奇的牛皮大话时，我们这位兽医却听得入了迷，像吮吸乳汁一般全盘吸收。

【同样的道理，简单的常识性的批评方法——也是长期以来使用的唯一方法，它至今仍吸引某些学者——并不能让我们走得更远。那么，所谓的常识通常是什么意思呢？无非是未经思考的假设和仓促概括的经验构成的组合品。当常识涉足物理世界时，它曾否认对跖点的存在，曾否认爱因斯坦的宇宙观；希罗多德曾记述说，如果航海者有一天能绕过非洲，他将看到一个太阳从西边升起的地方，但常识认为希罗多德是在讲神话。当常识涉足人类的行为时，最糟糕的情况是，那些必然是从非常短暂的时段——即我们自己的时代——得出的看法被升格为永远有效的真理。这是伏尔泰式批评方法的主要弱点，虽然这一方法在别的地方通常很富洞见。不但所有时代都存在个别的奇特现象，而且过去一些常见的心理状态对我们而言也很离奇了，因为我们已不再具有这种心理状态。如果根据常识，皇帝奥托一世（Othon Ⅰ）不会批准向教皇转让土地，这种转让因违反他此前的法令而不可能实行，而且他后来的法令也没有考虑过这件事。然而，这一特许赠予的真实性无可争议，因此我们必须清楚地认识到，奥托一世的头脑与我们并不完全一样，更准确地说，在他那个时代，文字和行动之间的不一致出乎我们意料。】

真正的进步在怀疑成为"审查官"【沃尔内（Volney）[7]语】的那一天到来；此时的【客观】规则逐步以另外的术语表述出来，并使得谎言和真理之间的选择成为可能。耶稣会士冯·帕普布罗克在阅读《圣徒传记》（*Vies des Saints*）时对整个中世纪【早期】遗产产生了

难以抑制的怀疑，进而认为修道院中保存的所有墨洛温时代的文书都是假的。对这种意见，马比荣的回答基本是否定的。的确有完全伪造或修饰篡改过的文书，但也有真实可信的文书，因而问题是如何才能鉴别它们。《文书论》出版的那一年，即1681年，的确是人类精神史上的一个伟大日子，档案文献的批评方法【最终】奠定了基础。

【无论如何，这是史学批评历史中的决定性时刻。前一个时代的 89
人文主义已有一些微弱的意愿和直觉。但它没有向前发展。最具典型意义的当属《论说文集》（*Essais*）中的一段。蒙田（Montaigne）在文中为塔西陀讲述奇迹而辩护。他说，神学家和哲学家的事务是谈论“共同相信的事物”。历史学家只需根据有关的史料来“讲述”这些事物。“愿他们主要依靠自己的获知、而不是依据自己的评价向我们讲述历史。”换言之，哲学批评是以某种自然秩序或神圣秩序观念为基础，这种批判具有完全的合理性，而另一方面，人们可以认为，蒙田没有接受维斯帕西安（Vespasien）[8]的奇迹，对别的奇迹也是这样。但是，就对证据的考察——特别是历史考察——而言，蒙田显然还不是很明白实践中的操作如何可能。基本的研究原理只有到17世纪才成型，人们不总是能够认识到这个时期的真正伟大之处，尤其是这个世纪的后半叶[9]。】

那个时代的人们已经有了史学批评的意识。众所周知，在1680年到1690年之间，“历史怀疑主义”[10]已风行一时。米歇尔·勒瓦索尔（Michel Levassor）[11]在评论这个说法时写道，“有人认为思想的公正在于不轻易相信并敢于去怀疑”。批评一词【，此前指的几乎只是趣味上的评判，】现在指的是对真实性的考察。最初人们只是为了自我辩护才贸然提出这个词。但“这根本不是个确切的说法”，因为它还含有某种技术化的味道。但它还是逐渐流行起来。博叙埃与它谨慎地保持距离：当他说“我们的批评作者”时，大概是出于无奈。但理查德·西蒙[12]却把他几乎所有的作品都挂上了批评的名字。【不过】最谨慎的人也不会误会这一点：这个词语所宣告的正是某种

【几乎具有普遍适用性的】方法的发现。正如埃里·杜潘（Ellies du Pin）[13]所说的，批评是“在古代世界的幽暗旅途中给我们光明、为我们引路的火炬，它让我们得以辨别真伪”。培尔的说法[14]更为清晰：“西蒙先生在这部新的《问答》（*Réponse*）中传播了几种新的批评规则，它们不仅有利于理解《圣经》，而且有利于更有效地阅读其他著作。”

90 让我们比较几个诞生日期：帕普布罗克——虽然他关于文书问题的看法有误，但这并不妨碍他跻身于一流的史学批评方法的奠基人的行列——生于1628年；马比荣生于1632年；理查德·西蒙的研究是早期《圣经》注解的扛鼎之作，他生于1638年。除了这一批严格意义上的[15]博学之士，还可以加上斯宾诺莎，即《神学政治论》（*Traité théologico-politique*）这一哲学和历史批判杰作的作者，他也是生于1632年。【从代（génération）一词最准确的意义上来说，】这一代人的轮廓已然呈现在我们面前，【而且惊人的清晰。但】还应该进一步明确。这【正好】是生活在即将迎来《谈谈方法》诞生的时刻的一代人。

但不要说这是笛卡儿的一代。仅就马比荣本人来说，他是个虔诚【、正统而不是纯朴】的修道士，他给我们留下的最后一篇文字是论“基督徒的死亡”。有人怀疑他是否真的很了解新哲学【，因为当时的很多虔诚派对这种哲学十分怀疑】；进一步说，如果他对新哲学有一些了解的话，他也许认为其中的很多说法他可以赞同。另一方面，不管克劳德·贝尔纳（Claude Bernard）[16]那些耳熟能详的文字曾有过怎样的论述，具有数学特征的证据真实性——在笛卡儿那里，系统的怀疑论就是为追求这种真实性而开辟道路的——毕竟与不断逼近的或然性没有多少共同点，而史学批评也像其他实验科学一样满足于得出这种或然性。但是，一种哲学要想浸润整个时代，它在发挥影响力时不一定要严格依据其学说，而【大部分】[17]学者接受它的影响时也不必非得通过某种通常是【半】无意识的渗透方式。【正如笛卡儿的“科学”一样，】历史证据的批评方法彻底抛弃了信仰的成分。【还是像笛卡儿的科学一样，】这种批评在着手毫不留情地推翻所有过去的根基时，仅仅是为了追求新的确定性（或更大的或然性），这种确定性此后也要经受严格的考验。【换句话说，】启发这种批评的思想[18]【意味着质疑几乎一切过去的观念。不管这种质疑是一种痛苦还是一种难以名状的甜蜜，此前的人们几乎完全认为批评纯粹是一种消极的思想，一种简单而徒劳的行为。但此后的人们觉得，】如果运用合理的话，批评可以成为认识的工具。因此，批评观念的诞生在思想史有 91
着十分明确的日期。

从那以后，批评方法的基本规则便【大体】确定了[19]。它们的全面影响在18世纪已稍有体现：当时巴黎大学的哲学教师资格考试试题中，常常有这样一个有点奇特的现代气息的题目：“论人对于历史事实的见证”。【当然，】这不是说后代人没有[20]对[21]工具进行大量改进。特别重要的是，后代人大力推广了批评方法，并大大拓展了其适用范围[22]。

在很长的时间里，批评技巧至少以某种系统的方式被采用，但其实践者几乎完全是一小批博学者、《圣经》评注家和好学之士。有的作家致力于创作情感迸发的历史著作，但他们几乎不了解这类实验室中的方法，对他们而言这类方法太【过】琐碎，要他们承受由此带来的麻烦的确是很困难的事。但是，正如洪堡（Humboldt）说的，害怕“弄湿双手”的化学家绝不是好化学家。对历史学来说，类似的矛盾，即准备工作与成果成型之间的矛盾，其危险性具有双重面目。【它首先严重打击的是】各种宏大的解释尝试。这类尝试【并】不【因此而】缺少对真实的首要责任感【，而是耐心地在追求真实】；不过，由于缺少唯有从文献批评中才能获得的持久的新鲜感和接连不断的新收获，这类尝试不可避免地陷入这样一种境地，即在成规所必然导致的几个【老套的】主题之间[23]来回摇摆。但技术工作同样有不足之处。由于没有宏观引导，它可能[24]无休止地纠缠于一些毫无意
92 义或不恰当的问题。没有比空洞无益的学问更严重的浪费，也没有比以工具本身为目的更糟糕的傲慢意识。

针对上述危险，19世纪的人们进行了认真而英勇的斗争。【德国学派、勒南、菲斯泰尔·德·古朗日已经使学识再度获得思想地位。历史学家来到了工作台前。】然而，问题已经完全解决了吗？可能很多乐观派是这么认为的。【一个十分常见的情况是，研究工作依然进行得很勉强，没有合理地选择应该关注的要点。尤其重要的是，诚实的研究者（仅从该词的陈旧意义而言）还没有完全意识到批评的必要性，而这种共识无疑是所有科学必备的精神保健，对我们这个学科[25]来说更是不可或缺。既然我们以人为研究对象，如果连人都不能理解我们的话，我们怎能不认为自己的使命只完成了一半呢？

话又说回来，也许我们实际上根本没有圆满完成使命。各种相互矛盾的偏见会聚在一起，由此产生的所有坏习惯严重妨碍了健康的史学事业。这类坏习惯如：令人生厌的玄奥作风，我们中间一些最出色的人士至今仍深陷其中；在常见的读物中，占主导地位的是令人悲哀的课本，糟糕的教育观念的影响排挤了真正的知识综合；一旦我们走出工作室，一种奇特的羞涩感似乎阻止我们将工作中可贵的探索暴露在世人面前。这类坏毛病综合在一起，读者大众于是毫无防备地受冒牌的史学才子们的影响，在后者所谓的历史学中，严肃感的匮乏、对次要事物的修饰、政治上的成见，所有这些都被认为能用厚脸皮的信念来补偿；莫拉斯、班维尔和普列汉诺夫言之凿凿的地方，很可能也是菲斯泰尔·德·古朗日和亨利·皮雷纳充满疑虑的地方。在真实的或应然的历史研究与阅读历史的公众之间，无疑存在某种误解。】在学术争论中，双方利用一些滑稽的小缺点而大打注释战，这便鲜明地反映了史学中的弊病。

【对很多学者而言，书页页脚的魅力简直让他们目眩神迷。】他们

在页脚的空白处塞满了参考文献注释，但这种做法着实荒唐，因为只要在书的开头处列一个名单，大部分注释是可以省略的；更糟糕的是，有些人纯粹因为懒惰而把长篇大论放到注释中，这样的篇幅即使放在正文里也有显赫的位置，因此，这些作品中最有用的部分【经常】要到地窖里[26]寻找。但另一方面，有某些读者抱怨说，那一小行注释孤零零地挂在正文的下方让他们很伤脑筋；还有某些编辑声 93
称，他们的老顾客——这些人实际上没有他们描绘的那样敏感——看到一页书被注释弄成这样而深感不快，【但这些挑剔人士的看法无非表明他们对学术道德的基本准则一无所知。因为，除非是异想天开、无拘无束的游戏，否则任何说法都只有在能够被证实的前提下才能成立；因而】对历史学家来说，如果他使用一份材料，他应尽可能简短地标出材料的出处，这种做法既方便复查，也符合某种普遍的诚实法则[27]。【由于我们的舆论受教条和神话的毒害，即便是对材料说明的最些微的敌意，也会导致认真查考风气的丧失。如果有一天我们不再以于事无补的学究气来驳斥这样的舆论，而是成功地劝说公众意识到，在衡量知识的价值时应考虑到它供人批判的热忱，那将是理性的力量取得最伟大的胜利之一。我们微不足道的注释，我们吹毛求疵的小附注就是为此而努力，虽然今天仍有很多人在嘲笑这一做法。】

最早的学者使用的文献通常是文字资料，它们自称或被人认为是某位作者和某个时代的作品，它们有意识地讲述种种事件。它们说的是真的吗？被称为《摩西五经》的著作真是出自摩西吗？【带有克洛维（Clovis）名字的文书真是来自克洛维吗？】《出埃及记》中的叙述有何价值？这些都是问题。不过，随着历史学越来越频繁地运用无意中留下的证据，它就不必仅限于考察文献中【明白无误的】说法。历史学还应该从文献中追究出它们无意提供的信息。

【然而，】批评规则已经在第一种史料中证明了自身的价值，对第二种史料同样如此。我眼前有一批中世纪特许状。其中一些标明了日期，另一些没有。但是，即使有标识的地方也应该进行核实，因为经验表明，这种标识可能是谎言。如果没有标识则应设法恢复。对于这两种情形，使用的方法都是一样的。根据笔迹（如果是原件的话），
94 根据拉丁文的拼写，根据文件的整体风格及它反映的制度，我可以认定一份文献符合公元千年左右法国公证人的习惯，这种习惯很容易辨识出来。如果它自称是墨洛温时代的文件，那可就露了马脚。如果它没有说明自己的年代，我们也可以大致确定其年代。当考古学家根据年代和文明来区分史前的工具或鉴别假古董时，他也是依据基本相同的规则来检验、对比和区分物品的形态和工艺[28]。【历史学家不是、也越来越不是粗暴的预审法官，如果稍不注意，一些入门课本很容易造成这一让人不快的印象。毫无疑问，历史学家并不轻信。他知道，他的证据有可能出错或说谎。但他首先要让证据说话，以便能理解它们。如能在这一宽阔的思路中将研究继续下去且不动摇基本原则，真可谓史学批评方法的一个卓越之处。

当然可能存在一些否定上述说法的不利因素：但实际上，不良的证据不但是刺激辨伪技术兴起的兴奋剂，它还是分析辨伪技术得以发展的必然起点。】

2. 伪证的鉴别

在所有能导致证据无效的毒药中，毒性最强的当属欺骗[29]。

欺骗【本身】可以有两种形式。首先是伪造作者和日期：这是法律意义上的造假。所有带有玛丽-安托瓦内特（Marie-Antoinette）签名的信件都不是她写的，而是在 19 世纪伪造出来的。罗浮宫收购的名为塞塔费尔尼斯（Saïtaphernès）的三重冠号称公元前 6 世纪的斯基泰-希腊文物，但它实际上是 1895 年左右在敖德萨（Odessa）雕刻

的。第二种欺骗形式是内容上的伪造。恺撒作为《高卢战记》（*Com-
mentaires*）的作者的身份未曾受到置疑，但他做了很多有意识的歪 95
曲和删减。在圣但尼陈列的大胆菲利普（Philippe le Hardi）雕像被认为是这位国王死后不久制作的葬礼像，但一切都表明，这尊雕像只是一个普通的复制品，仅仅是带上了这位国王的名字而已〔30〕。

然而，这两种欺骗造成的问题很不一样，它们的解决方法彼此间也没有相通之处。

毫无疑问，大部分伪造作者名字的文献，其内容也不真实〔31〕。一份自称出自查理曼（Chalemagne）的敕令经检验后发现是两三个世纪后伪造的。可以断言，敕令中所称的皇帝的慷慨赠予同样是捏造的。不过，我们不能事先断定这一点。【因为】一些文书的伪造仅仅是为了重申已经遗失的真实原件中的条款。【这种例外情况可以称为真实的赝品。】

毋庸赘言，即使是来源最可靠的证据，也并不必然意味着证据就是真实的〔32〕。然而，在承认一份材料为真实的文献之前，学者在审查它时会遇到很多麻烦，以致他们在对材料进行考辨时并不总是能保持克制和清醒。尤其是在面对那些自称有强大的法律保障的文献时，疑虑之心很自然会打折扣，这类文献如权威机构的文件或私人合同——只要合同稍微有点正式的认证。但是，无论是权威机构的文件还是私人合同，都不应该对其有过多的信任〔33〕。1834 年 4 月 21 日，在秘密社团审判开始之前，梯也尔（Thiers）写信给下莱茵省的省长〔34〕说："我请您务必为这桩即将开审的重大案件〔35〕提供材料上的
支持。需要着重说明的材料包括：所有无政府主义者的通信，关于巴 96
黎、里昂、斯特拉斯堡的秘密联络事件的报告，一句话，证明一场牵涉整个法国的庞大阴谋确实存在的材料。"这无疑是有意识地为官方制作材料了。关于按程序封印并标注日期的特许状的神话，今天的一点点经验就足以揭穿它。众所周知，按最正规的方式进行公证的文件中也充满蓄意的〔36〕讹误，我〔37〕还记得，在不久前，国家的某个重

要行政机构命令我在一份笔录上签字时将日期提前[38]。我们的祖先在这些问题上并不[39]更仔细。我们在王家敕令下面总能看到“颁布于某日某地”。但是，在查考君主的寻访记录后，你会发现经常有这样的情况：在敕令中说的那一天，他实际上住在好几里[40]远的地方。很多农奴解放法令——没有人想去论证它们是伪作——宣称纯粹出于仁爱而颁布，但我们经常能指出农奴的自由是有代价的。

【但】仅仅确认欺骗行为是远远不够的。还应该找出欺骗的动机，哪怕只是为了更好地发现欺骗的线索。只要欺骗的因由尚有不明之处，欺骗本身必然有分析不到位的地方，因此问题只弄清了一半。尤其重要的是，一个如此这般的谎言[41]也是一种证据[42]。若仅仅证明查理曼颁给亚琛（Aix-la-Chapelle）教堂的敕令是赝品，便只是避免了一个错误，而不是获得了一项[43]知识。我们能确定这份赝品是红胡子弗雷德里克（Frédéric Barberousse）的近臣们制作的吗？这位皇帝是想以此来为他的帝国梦想服务吗？这些问题打开了一个面向更为广阔的历史的新视角。史料批评从追索作伪行为转向了作伪者；也就是说，这一做法符合史学的座右铭，因为它转向了人。

列举说谎理由的企图是幼稚的，因为这些理由具有无限的多样
97 性。但是，历史学家天生倾向于从极为理智的角度理解人，他们会明智地提醒人们，各种理由都是不合理的。在某些人看来，虽然谎言一般与某种虚荣或克制情结有关，但用安德烈·纪德的术语来说，它几乎是一种“无动机行为”（“acte gratuit”）。有位勤奋的德国学者以出色的希腊语编写了一部东方史，他把该书的作者假托为桑科尼亚顿（Sanchoniathon）[44]，于是轻松地以最小的代价获得了希腊学家的威望。弗朗索瓦·勒诺芒（François Lenormant）是法兰西学院一位成员的儿子，后来他也被提名为该机构的成员，当他17岁步入学术生涯时，他亲手伪造的一份拉夏培尔-圣-埃卢瓦（La Chapelle-Saint-Éloi）的铭文竟蒙蔽了他的父亲；【成年后的勒诺芒有了声望，】据说

他的最后一项杰作是公布了几件希腊史前文物，但这些东西实际上是他从法国乡间收集来的[45]。

但的确存在患有说谎癖的时代，就像有这样的人一样。如 18 世纪末 19 世纪初的前浪漫主义和浪漫主义的那几代就是这样。【伪造的凯尔特】诗歌被冠以奥西恩（Ossian）[46]的名字，查特顿（Chatterton）用古英语写下的史诗和民谣，所谓克罗蒂尔德·德·苏维尔（Clothilde de Surville）[47]的中世纪诗歌，维尔马盖（Villemarqué）[48]想象中的布列塔尼民歌，据说由梅里美（Mérimée）译自克罗地亚语的歌谣，克拉沃里-德沃尔（Kravoli-Dvor）的捷克英雄歌谣[49][50]——这样的例子不胜枚举：可以说，[51]整个欧洲在这几十年内都荡漾着一曲伪造交响曲。中世纪[52]，特别是 8 世纪到 12 世纪，也是一个患有集体说谎癖的典型时代。当然，[53]大部分假文书、假教皇谕令、假敕令，主要是出于利益关系而制作出来的。确保一份有争议的教堂财产，保卫罗马教廷的权威，捍卫僧侣免受主教的侵犯，主教们反对大主教的干涉，教皇反对世俗君主的干涉，皇帝反对教皇【：所有这些造假者都不会想得更远】。这种事例中最典型的特征是，信仰虔诚、乃至美德无可挑剔之人也会若无其事地参与造假。显然，人们一般不会认为造假有悖公共道德。至于[54]剽窃，看来在 98
当时[55]被【普遍】视为世间最无害的行为：编年史家、圣徒传记作者毫无愧疚地把过去作者的整段文字窃为己有。【这两个社会都极少有“未来主义”的色彩，虽然它们是如此的不同。】无论从信仰还是从法学方面来说，中世纪都只知道以古人的教导为依据。浪漫主义者则希望在远古和民间的源头活水中汲取营养。这样看来，最为看重传统的时代，也是最随心所欲地运用其遗产的时代[56]。人们出于对过去的尊重自然而然地走向捏造：这似乎是不可抗拒的创新带来的反作用。

1857 年 7 月，数学家米歇尔·夏斯尔（Michel Chasles）向科学院递交了一整套帕斯卡尔的未刊信件，这些信是著名的赝品制作者、夏斯尔的固定供货商弗兰-卢卡斯（Vrain-Lucas）卖给他的。从信中可以得出这样的结论：这位《外省人书简》（*Provinciales*）的作者在牛顿之前就提出了万有引力定律。这让一位英国学者感到惊奇。这个[57]人的主要疑问是：怎么解释这些信件所引用的帕斯卡尔死后多年[58]完成的天文观测资料呢？牛顿也只是在[59]发表著作之后才得知这些资料的。卢卡斯不是为这等小事而尴尬的人。【他回到工作室，】不久夏斯尔就承蒙他[60]的关照，拿出了新的手稿。这次手稿上的签名是伽利略的，收信人是帕斯卡尔。于是谜底被揭开了：那位著名的天文学家提供了观测材料，而帕斯卡尔拿出了计算数据。双方的工作都是秘密进行的。但实际上，伽利略死的时候，帕斯卡尔才 18 岁。但这有什么要紧的呢？这只是人们钦佩帕斯卡尔的天才和早慧的一个理由罢了！

然而这一次，那位不知疲倦的英国反对者再次发现了一个古怪之处：在一封日期为 1641 年的信件中，伽利略抱怨说，写信时他感觉眼睛非常疲劳。然而，从 1637 年【年】底起，他实际上已经完全失明，这难道不是众所周知的[61]么？稍后，可爱的夏斯尔回答说，对不起，我知道，每个人【此时】都认为他失明了。但是这个看法大错特错。因为，现在我手中有一份关键材料，它的出现将改变这个常识
99 性错误。另一位意大利学者在 1641 年 12 月 2 日告诉帕斯卡尔说，伽利略的视力几年来一直在衰退，最近[62]刚刚完全失明……

肯定不是所有的造假者都像弗兰-卢卡斯一样足智多谋[63]，也不是所有上当者都像他那可怜的受害者一样天真。但作伪会不断升级，任何谎言都[64]必然导致更多的谎言，它们至少表面上互为支持：这是生活经验告诉我们的，也是历史经验证实了的。这就是为什么著名的造假案成批出现的原因。[65]坎特伯雷（Canterbury）的伪特许状、奥地利公爵领的伪特许状【——而且有很多伟大君主的签字，从恺撒一直到红胡子弗雷德里克——】、德雷福斯（Dreyfus）案件中

谱系上的造假【：在这些例子中（我只引述了其中的几个），我们可以看到伪证像微生物感染一样迅速蔓延】。舞弊本来就会酝酿出新的舞弊。

最后还有一种更为隐蔽的[66]欺骗形式。它不是以粗暴、【明显或曰坦诚的】方式来歪曲真相，而是暗地里修改真相：如篡改真特许状，在大体真实的叙述中点缀一些捏造的细节。【一般来说，篡改是出于利益动机。点缀增补通常是为了修饰润色。】虚幻的美学给古代和中世纪史学造成的伤害经常被揭露出来。这种美学在我们今天的出版物中恐怕也不遑多让。最朴实的作者也会自觉地以修辞学的套路来描述他的人物，哪怕这要牺牲真实性；修辞学虽历经沧桑但声望依旧，在编辑出版界，亚里士多德和昆体良（Quitilien）[67]的门徒可比人们想象的更多。

一些技术条件甚至有利于这种歪曲。当间谍波罗（Bolo）于1917年受审时，据说一份报纸在当年4月6日刊登了他被处决的消息。判决的确是那一天作出的，不过执行实际上是11天后的事。[68]但记者事先就拟好了“稿子”，他深信处决肯定是在规定的那一天进行，因而觉得没有必要核实。我不知道这件事到底能说明什么。当 100
然，这样严重的错误比较少见。但是，为了赶速度——重要的是应按时交稿，有关期待中的事件的报道有时就提前了，并认为事情不会有意外。但是我们知道，原稿经过审查后几乎总会在所有重要方面进行修改；因而我们可以怀疑，一些[69]次要细节被着力描摹，而这些细节被视为文章的色彩所必需的，但没有人想到去检验它们。这至少是一个外行所能发现的问题。人们期待专业人士能就此向我们提出他的真诚看法[70]。【不幸的是，】新闻界还没有找到它的马比荣和帕普布罗克。【可以肯定的是，对有点过时的文学礼仪规范的遵从，对由来已久的心理状态的敬畏，对绘声绘色的文风的追求：所有这些仍然是造成谎言的因素。】

纯粹的造假和纯属无意的过错在程度上有很大的差别。即便是一次简单的改造，【最】无意的过错也会因为偶然的因素而成为谎言。虚构是需要努力的，大多数人思想懒惰，不愿为之。善意地接受[71]符合现实利益的现成错觉要方便得多！

我们且看看著名的“纽伦堡的飞机”事件。尽管这一事件尚未完全澄清，但事情很可能是这样的：一架法国商用飞机在战争爆发前几天曾飞越纽伦堡。人们很可能把它当成一架军用飞机了。可以想见的是，由于当时人们生活在即将到来的战争的阴影中，于是谣言四起，说飞机到处扔炸弹。可以肯定的是，飞机根本没有投弹，德意志帝国的当政者有各种手段消除这一谣言，然而，他们未经验证就接受了谣言，以便将它作为战争的理由，于是他们便【有意识地】撒了谎。不过这个谎言完全不是刻意设想的。他们[72]【起初】也许没有清晰地意识到自己的欺骗行为。荒谬的谣言有人相信，因为信它是有作用的。
101 在各种类型的谎言中，自然生成的并非最罕见[73]的，诚实一词在这里是个相对宽泛的概念，只有注意它多层的意义差别方可运用。

同样，很多证据是出于良好的意愿才弄错的。现在是历史学家利用珍贵成果的时候了，几十年来，这些成果在现实生活中的运用为一门[74]新兴的学科提供了研究手段【：这就是证据心理学】。如果这些成果对我们的研究有益，我们便应从善如流。

【根据】圣梯叶里的纪尧姆（Guillaume de Saint-Thierry）的说法，他的弟子和朋友圣伯纳尔（Saint Bernard）[75]有一天得知：在他这个年轻的修道士每天做祈祷的小礼拜堂里，司祭席的后部开了三个窗户。听到这个消息他大吃一惊，因为他一直认为只有一个窗户。作为圣徒传记作者的纪尧姆对此[76]赞叹说：多么完美[77]的上帝的仆人！他仿佛对尘世万物无牵无挂！不过也有人记述说，后来的圣伯纳尔曾一整天在莱芒湖边漫步，却不知自己身在何处。如果真有其事的话，圣伯纳尔似乎也可能是非同一般的无所用心。然而，众多的证据都表明，对于看来似乎最确信无疑的事实，我们也会有严重的误解，而且这不是什么神乎其神的事情。在一系列著名的实验过程中，日内瓦的克拉帕雷德（Claparède）教授的学生无法正确地描绘他们大学的门廊，就像那位“被奉承”的圣伯纳尔不能准确描述其修道院的教堂一样。【事实上，】在大多数人的脑海中，周围的世界都只是个模糊的印象。另外，证据本身也只是记忆留下的痕迹，最初感知中的错误可能经常因记忆的错误而复杂化，我们的一位老资格的法学家曾揭发说，记忆是流动的、“模糊的”（“escoulourjante”）[78]。

在某些人那里，不准确性真正成了一种病症——称这种精神疾患为“拉马丁（Lamartine）[79]病症”是否太不恭敬？大家都知道，这 102
些人作判断时一般是不会思忖一番的。不过，虽说证据的可信度存在差异，但经验表明，根本不存在所有环境下、所有问题上都具有同样可信度的言论。影响头脑中形象的正确性的原因主要有两类，【甚至】最有天赋的人也是如此。其中一类原因在于观察者当时的状态，如疲惫和情感等等。另一类原因在于他关注的程度。除了极个别的情况，观察者所理解的只是他期待观察的东西。当一位医生来到病床边时，我相信他更愿意看到的是病人的模样，并仔细检查后者的气色，而对于屋子里的家具摆设，他很可能只是无意间扫上一眼。这就是为什么最熟悉的事物——如圣伯纳尔的西多会教堂——往往属于人们描述最不准确的事物之列的原因所在：因为熟悉几乎必然会导致漠不关心。

然而，很多历史事件只能在情绪激烈的时刻才能观察，或只有这样一些人才能见证：由于他们对事件的关注只是很晚——说来有点奇怪——才到来，或是受到眼前行为[80]的束缚，因而他们不能像今天的历史学家[81]期待的那样，将注意力集中于某个重大问题上。在这方面有一些著名的例子。1848 年 2 月 25 日，【外交部大楼前】的第一声枪响引发了骚乱，进而导致了革命。究竟是军队开的枪还是群众开的枪？看来我们永远无从知晓。[82]而另一方面，纪年史家们又是何等认真地着力描述那些细枝末节呢！如服装、动作、仪式和战斗场面都要进行【精雕细刻的】描绘；浪漫派的历史学家对这类陈旧做法乐此不疲，由此便给真相抹上一层朦胧色彩；然而，对于读者向这些老作者提出的那些天真的细节问题，这些见证者中竟没有人能准确完整地给出回答。这种描述难道不是一种顽固的陈规陋习吗？它能向我们提供的东西，顶多是对作者那个时代的人们想当然的行为的装饰。这类东西无非是好事者希望从材料中得到的信息。因此这个例子极富启示意义。

103 上述评论也许只是表面看来有点悲观，现在应该看看它们会给我们的研究带来怎样的结论。当然，它们并不影响历史的基本结构。培尔的话永远是正确的。“永远不会有人反对这一真理：恺撒战胜了庞培（Pompée）；如果要对此进行追根究底的讨论的话，最确定无疑的可能只有这个判断：‘恺撒和庞培确有其人，但不是其生平传记作家们简单加工后的那个人。’”确实，如果只存在这类看起来确定无疑但未经解释的事实，历史学便降为一系列粗浅的记录，没有任何重大的思想价值。幸亏事情不是这样。证据心理学【之所以】经常带有不确定性，其唯一的原因在于片刻之前的经历。可以把一个大事件比喻成一次爆炸。究竟在什么条件下能产生气体膨胀所必需的分子撞击呢？我们通常只能承认自己并不知道。这当然很遗憾（但化学家拥有的条件总比我们要好很多么?）。但这根本不妨碍对爆鸣混合气体进行深入研究的可能性。一些历史学家认为 1848 年革命【可能】是个偶然事件，但托克维尔（Tocqueville）从中看出了十分多样、十分活跃的因素，这些因素很早就在酝酿这场革命。嘉布遣（Capucines）大街上的枪声不就是那最后的导火索吗?

同样，我们还可以看到，事件的近因几乎不仅经常被记录者忽略，我们也常常忽视这些因素。在历史学中，它们构成一个特别的部分，即不可预测的“偶然”。我们可以聊以自慰而不必有过多烦恼的是，证据的残缺通常使我们最精密的分析工具也无法探知这类近因。与事件演变的主要因果链比起来，即便是人们了解最深入的近因，看起来也只是历史学永远无法根除的偶然性的残余物【，但历史学无权要求根除它】。至于人类命运的内在动力、心态、感知、技术、社会经济结构的变迁之类的问题，我们考察的相关证据很少有片刻间感知造成的不稳定性。【伏尔泰曾隐约发现一个方便的规则，】历史中较为深刻的东西也是较为可靠的东西。

人与人之间天差地别，因而观察能力也不是一个社会恒量。某些 104
时代的观察能力较为匮乏。举例来说，虽然今天的大多数人对数字的敏感度还不很强，但中世纪编年史家在这方面的缺陷更为常见，因为我们的感知已深受数学的浸染，正如我们的文明一样。话又说回来，如果说证据的错误终究是由感知和注意力方面的缺陷造成的，历史学恐怕只能将研究交给心理学家了。然而，在上述缺陷中，除了相当普遍的思想上的小故障，很多是由特定社会氛围中十分鲜明的因素造成的。因此这类缺陷通常【像谎言一样，】也具有史料的价值。

1917 年 9 月，我所在的步兵团驻守在小城不来内（Braisne）以北【夫人大道[83]的】堑壕。在一次突袭中，我们抓获了一名俘虏。他是个预备役士兵，原本是个商人，家在威悉（Weser）河边的不来梅（Brême）。不久后方传来一个有趣的故事。一些消息灵通的战友说："真是奇迹！我们在法国的中心地带破获了德国间谍活动的一个小哨所。这又有何意外的呢？因为还在战争爆发前，有个德国商人就在离这里几公里的不来内立足了。"显然这是东拉西扯。但我们切勿对此作过于简单的理解。能说这仅仅是道听途说的错误吗？如果认为这就是原因，那可能是很不准确的。因为，那个真实的地名与其说是听错了，不如说是理解错了：大家一般不知道不来梅，因而也没有引起注意，而由于思想中的自然倾向，人们习惯于用一个熟悉的名字来替换它。不过还有另外的因素：我们初步的解释已经涉及第二个方面，它同样是无意识的。德国人诡计多端的形象——通常有确凿证据——已经通过不可胜数的文字深入到大众之中[84]，它[85]恰好满足了群众中间捕风捉影的意识。用不来内代替不来梅，这与人们脑海中挥之不去的德国形象联系紧密，简直是自发而成的[86]。

【不过，】很多证据的走样正是这种情况。错误几乎总是事先有导
105 向的。尤其重要的是，它的诞生、它的传播都须以符合舆论中的成见为条件；于是它【仿佛】成了一面镜子，集体意识能从镜子中看到自己的轮廓。在比利时，很多房子的正墙上有狭窄的开口，目的是为泥瓦工搭脚手架时提供方便；但在1914年，德国人【的士兵】把泥瓦工留下的这些无辜的小孔看做为自由射手们准备的枪眼，这实际上是游击战的长期恐惧给他们造成的幻觉。空中云彩的模样从中世纪以来并无变化，但是，我们今天已看不到、也不相信[87]神奇之剑。伟大的安布罗斯·帕雷（Ambroise Paré）[88]观察到的彗星尾巴与偶尔扫过天空的彗星尾巴可能不会有太大的不同，然而他觉得【从中】发现了全套的奇特武装。对普遍成见的服从战胜了他一贯的准确观察；而他的证据【就像很多其他证据一样，】不是说明他实际看到的东西，而是说明当时人们认为应该看到的东西。

不过，个别证人的错误若要成为很多人的错误，个别扭曲的评论若要成为谣传，还需要某种有利于错谬传播的社会形势。在这一点上，远非所有类型的社会都会有同等有利的条件。我们这几代人经历的集体生活的惊人动荡堪称一种奇妙的经历。而目前的动荡，说实话，离我们太近了，所以无法进行准确的分析。但1914—1918年的战争能有点距离感。

所有人都知道，第一次世界大战的四年产生的假消息是何等众多，尤其是在军队中。正是在堑壕这一十分特别的社会中，假消息的形成才最值得研究。

宣传和审查自有其重大作用，但[89]它与这些制度的创设者的期待恰恰相反[90]。正如一位幽默作家一针见血地指出的："堑壕里流行的看法是，一切都可能是真的，除了允许发表的东西。"人们不相信报纸，也不怎么相信书信，因为人们认为书信受到了严格的审查，除非是通过非正式渠道收到的书信。这便导致口传文化的奇特复兴，

这种文化本是传说和神话的古老母亲。当政者以一种大胆的举措——最勇敢的实验者也不敢想象的举措——重现了许多世纪前的景象，他 106
们让前线的士兵在面对报纸、新闻和书籍的时候，回到了古老时代的精神状态和信息渠道。

一般来说，谣言不是在火线上产生的。因为各个小部队彼此隔绝，谣言难以流传。没有命令，士兵无权挪动，而且随意走动经常要冒生命危险。偶尔间有些行人来往：[91]联络员、电话线修理员和炮兵观测员。这类人物与普通士兵往来很少。不过[92]还有更为重要的定期交流。这就是因补充给养而造成的交流。在这个由掩体和哨所组成的小世界中，厨房成了公共广场。在这里，来自战线各个据点上的给养兵每天有一两次碰面的机会，他们彼此之间或与厨师一起闲聊。厨师知道的很多，因为他们处于各个小部队的会聚点上；他们还有一种罕见的特权：每天都能跟团里的火车司机们攀谈几句，而后者有幸驻扎在参谋部的周围[93]。就这样，在野外的篝火周围，或在随军餐车的炉灶边上，一些很不相同的阶层之间暂时建立起了某种偶然的联系。随后这些勤务兵沿着羊肠小道步履蹒跚地回到前线，他带回了汤锅，还有或真或假、但几乎总是被歪曲了的消息，而这些消息又将在前线得到新的发挥。在准平面图上，我们可以在标示前沿阵地的曲线稍后的地方涂上一片连续的深色带：这就是传说形成的区域[94]。

不过，历史上具有大体相似的环境的社会不止一个；除去纯属个别的危机造成的短暂影响，这些条件构成社会生活的常规结构，其中的口头传承几乎是唯一有效的传播手段。而在口头传承中，各种高度割裂的因素之间的联系几乎完全依靠[95]专门的中间人或确定的连接点。流动商贩、走江湖要把式的、朝圣者、乞丐相当于羊肠小径上[96]的小勤务兵。集市和宗教节日是固定的聚会场所，中世纪早期 107
就是如此。修道院的纪年就是通过询问路人、打探消息而创作出来的，它就像我们炊事班长们的小记事本——如果人们愿意这样比较的话。这样的社会总是假消息大量繁殖的黄金时代。如果人与人之间的交往更为频繁，各种报道之间的比较也就更容易。交往会激发批判意识。相反，如果好长时间才有个历经险阻的人到来，人们对他从远方带来的谣言就会深信不疑。[97]

3. 试论史学批评方法的逻辑[98]

证据的批评针对的是心理事实，它始终是一种细致入微的艺术。根本不存在证据批评的方法大全。但它也是一门理性的艺术，其基础在于某些重要思想活动的条理化的实践。总之，它有自身独特的辩证法，我们将尝试总结这一辩证法。

设想一个文明消失后只留下一件物证；设想在发掘该文明时，我们无法将它存在的条件同最不具人文色彩的痕迹建立起关系，比如地质沉淀的痕迹（因为在追寻各种关系时，无生命的自然因素也会发挥作用）。这样一来，我们根本不可能确定这唯一的证据的年代，也无法判断其真伪。实际上，只有将一件材料插入年代序列之中或其同代的大背景之下，我们才能确定其年代，检验其真伪，一句话，才能对它进行解释。正是通过对墨洛温时代文书之间的比较，或将它们与其
108 他时代和其他性质的文献进行比较，马比荣才创立了古文书学；《圣经》解经学也是从福音书文本的对照中诞生的。几乎所有的批评都须以比较工作为基础。

但比较的结果绝非自动呈现出来的。比较必然时而揭示出相似性，时而表现为差异性。然而，在不同的情形下，一个证据与相邻证据之间的比照可能得出恰恰相反的结论。

首先应考察文字记述这一基本情形。马尔伯（Marbot）的《回忆录》（*Mémoires*）曾让众多年轻的心灵跳动，作者以丰富的细节

讲述了一次英勇壮举，他自称是故事的主人公：根据他的说法，1809年5月7日到8日夜间，他驾一叶小舟穿越正在涨水的多瑙河的惊涛骇浪，去对岸营救几个被奥地利俘获的战俘。如何考证这一说法的真伪？可以援引别的证据。我们有当时部队的命令、行军日记和报告：这些证据证实，在故事发生的那个夜晚，马尔伯声称在左岸发现了奥地利军队的营地，但奥地利军队实际上还驻扎在河对岸。甚至拿破仑的《通信集》(*Correspondance*) 也表明，5月8日多瑙河还没有开始涨水。最后，我们发现了马尔伯本人在1809年6月30日出具的一份升职请求报告，在报告提到的各种理由中，丝毫没有涉及他上个月的那次壮举。一方是马尔伯的《回忆录》，另一方是一整套与之龃龉的材料。应该对这些不可调和的证据作出裁决。究竟哪种裁决最合情理？是那一刻的参谋们和皇帝本人都弄错了（除非是他们莫名其妙地蓄意篡改了事实）？是1809年时升职不顺的马尔伯因一反常态的谦虚而隐瞒其功绩？还是这个以爱说大话著称的老兵后来对真相作了手脚呢？所有人都会毫不犹疑地认为：他的《回忆录》再次说了谎。

在这个例子中，一个矛盾之处否定了对立证据中的一方。它们中间必须有一个是伪的，这是逻辑公设的普遍性规则；一个事件既可以存在也可以不存在：这是矛盾律绝对不允许的。世上总有这样一种学究，他们极尽善意地在相互对立的说法中寻找中间值：这就好比一个男孩被问及2的平方是多少时，一方提示他是4，另一方说是8，于是他便认为6是正确值一样。

接下来是证据的排除和保留问题。这种取舍取决于心理分析；可 *109*
以根据推定的理由依次判断证据的真实性，或其谎言与错误。这种情况下的评估具有几乎确定无疑的特征。但在别的环境中，这种评估受到更强的不确定系数的影响。于是有些结论是综合各种理由后提出的，这就意味着，它们在或然率上表现为不同的层次，从极大的可能到完全的或然性均有之。

【现在来看另一类例子。】有一份特许状自称是 13 世纪的，写在纸上，但迄今发现的同一时代的所有原始文献，都是写在羊皮卷上的；从书写形式上看，它与同一时代的其他文献也很不一样，而且语言中有很多对当时的习惯用语而言十分陌生的词汇和表达方式。另有一件号称旧石器时代的工具，但据我们所知，它的式样所表现出来的加工工艺只是在很晚的时候才出现的。我们可以判断这份特许状和这件工具是赝品。像此前的例子一样，依据矛盾律可以作出裁决，但其中的理由具有很不相同的性质。

在这里，指导我们论证的是这样一种观念：在同一社会的同一时代，风俗和技术具有强烈的相似性，个体事物不可能明显偏离普遍的实践行为。我们确信，一个路易七世时代的法国人几乎和他的同代人一样，写字带有下垂笔画，他用的词语也与同代人基本相似〔99〕，他使用的书写材料也是一样的；同样，如果一个马格德林〔100〕部落的工匠要切削骨器，他使用的手工锯与他的同伴应该是一样的。总之，这是社会学的公设。集体的内部渗透、多数压力、强制性模仿等概念，人类持续的经验已经证实它们具有确定无疑的普遍有效性，而这些概念正是文明的总体概念的基础，并与之融合在一起。

110 但相似性不能过分，否则便对证据不利，并有可能预示着对证据的否定。

任何参加过滑铁卢战役的人都知道，拿破仑战败了。过于直接的证据也许会否认失败，但我们会认为它是个伪证。另外，就拿破仑在滑铁卢战败这个说法来说，如果对其表达的意思作一个大致的限定，我们会发现，法语中没有多少明显不同的表达方式。但两个证人或自称的证人会以完全一样的语言来描述这场战役吗？就算他们的表达方式可以有雷同之处，但他们对细节的描述会完全一样吗？如果真是这样，我们可以毫不犹豫地说，其中一个人抄袭了对方的，或两人都是按同一个模子进行复制。实际上，我们的理智不会承认，两个必然置于不同位置、注意力不可能完全一样的观察者会以完全一致的笔触来描述同样的事件；两位单独工作的作者在众多的法语词汇中选择某些相同的术语、以相似的措辞方式来讲述同样的事情，这样的事情不可能是偶然的。如果这两篇叙述都自称直接取自现实，其中至少有一篇是赝品。

我们来考察一下两件古代史料，它们是石雕上的两个战争场面，分别与两场战争有关。但两件作品是以几乎一样的技法和轮廓表现出来的。考古学家说："两位艺术家中肯定有一个剽窃了对方的作品，或者说他们两人都是在复制现成的风格。"这两场战争间隔的时间究竟有多长，两次战争中交战的双方是不是同样的民族——埃及人对赫梯人、亚述人对埃兰人，这些东西都不重要。由于人类的思想态度极为多样，所以我们反对这样的认识：两个在不同时刻发生的不同行为可被视为同一行为的准确复制品。按照这种认识，上面两个军事场面中必有一个——如果不是两个的话——是严格意义上的赝品。

因此史学批评在两个极端之间徘徊：作为证实依据的相似性和作为证伪依据的相似性。这是因为相似的偶然性很有限，因为总的来说，社会一致性是个非常松懈的网络。而另一方面，我们认为世界上和社会中有足够多的一致性，以致可以排除差异过大的偶然情况。但是正如我们所认为的那样，这种一致性仅限于十分普遍的特征。我们可以认为，当我们越发深入现实世界中，一致性某种意义上包括大量可能的行为，但这种行为的数字逼近无限，以致其自发重复是可以预 111 见的：这是一种有意识的模仿行为。因此说到底，证据的批评基于某种关于相似和差异、单一和多样的直觉性的形而上学。

当文献为抄本的假设成立时，还需要确定其影响力来自何方。每对文献都是取自同一来源吗？如果两者之中必有一份是原件，究竟是哪一份呢？有时问题的答案可以从外部标准取得：比如相关的日期——如果能确定这些日期的话。如果没有这些辅助手段，可借助文本或物证的内部特征进行心理分析。

【证据批评显然不涉及机械的规则。有些学者似乎认为，由于文本改动者（remanieurs）[101]总会不断编造新东西，因而最朴素、最靠得住的文本往往最有可能是最古老的，我们应该把这视为一个原则吗？有时候的确是这样。在亚述铭文中，倒在亚述王大军之前的敌人的数字一次比一次吹得厉害，但理智会对此作出冷静的判断。圣乔治（Saint Georges）[102]的《耶稣受难记》（*Passions*）中最主要的虚构之处首先是日期；接着，随后的编纂者在重述这个古老的故事时，又不时删去一些最让他们感到震惊的离奇之处。模仿的方式有好多种，它因人而异，有时也因时代的风习不同而有差别。像其他思想习惯一样，模仿只有在被视为"自然"的前提下才有可能。】

【幸运的是，】抄袭者经常因为手法笨拙而露马脚。当他们没有理解范本时，他们的误解就暴露了其抄袭行为。他们会设法隐瞒自己的借用手法吗？计谋的粗劣会让他们露底。我曾见过一名高中生，他在写作文时目不转睛地盯着邻座同学的作业，一字不漏地把句子倒着抄了过来；正是由于这种亦步亦趋的想法，他把主语变成了表语，把主动态变成了被动态。这样一来，他仅仅为老师提供了一个史学批评的绝妙例证。

所谓对赝品的揭露，就是在我们认为涉及两个或多个证据的时候只能保留一个证据。马尔伯的两位同代人，塞居尔（Ségur）伯爵和
112 佩莱（Pelet）将军，都曾声称有过类似的横渡多瑙河的壮举。但塞居尔的说法比佩莱晚；他看过佩莱的东西，几乎只是照抄了后者的说法。至于佩莱，他的写作时间比马尔伯早得多，但他是后者的朋友，而且肯定听说这位朋友虚构的英勇行为：因为那个不知疲倦的牛皮大王时刻准备蒙蔽他的熟人，同时也是在蒙蔽后人。所以马尔伯是我们唯一的担保人，因为表面上由他担保的作者仅仅是重复他的说法。当狄特-李维在重复波利比乌（Polybe）时，波利比乌才是我们唯一的权威依据，即使狄特-李维对他的作品作了修饰。当艾因哈德（Éginhard）以向我们描绘查理曼为名而照抄苏维托尼乌斯笔下的奥

古斯都时，便不存在严格意义上的历史证据了。

【最后，】在自称的证人背后，有时还隐藏着一个不愿被提及的操纵者。罗伯特·里亚（Robert Lea）在研究圣殿骑士团的案件时发现，当两个来自不同家族的被告受同一法官审问时，总会承认同样的暴行和同样的渎神行为。相反，当来自同一家族的被告受不同法官审问时，供词马上就不一样。结论很明显：被告的答词是法官拟定的。我想，这是司法编年记录中诸多例证中的一个。

我们也许可以称有限的相似性原则是一个批判性的推理过程，在这一过程中，有一个小角色无疑还没有用武之地，如果有一天能够与最新颖的方法一起运用，这个小角色将更有意义：这就是统计学的批判方法。

设想我在研究一个流通顺畅的社会的价格史，研究的时段位于两个确定的日期之间，其间有各种活跃的贸易活动。在我之后，有第二位、第三位学者从事同一研究，但借助的工具跟我的不一样，他们彼此之间也不一样：别的账目、别的市场行情表。我们每人都确定年平均值和数量指数，并依据某种共同的基础绘制曲线图。三条曲线大致重合。人们只能得出这样的结论：每一条曲线都提供了大致准确的价格运行图。为什么呢？

原因不仅仅是在于，同一经济环境中价格的主要波动必然服从某种明显一致的节奏。这一理由无疑足以打消曲线之间会出现严重偏差的疑虑，但还不能保证以下这一点：在各种可能的草图之中，三条一致的曲线因为其一致就必然是正确的。这就像用三个误差率一样的天平称重一样，得出的数字虽然是一样的，但仍是不准确的。在这里，
整个推理都以对出错的机制的分析为基础。三个价格表都不能保证不 113
犯细节上的错误。从统计材料来说，这种错误几乎不可避免。甚至可以设想研究者的个人错误已被消除。（暂不提那些更严重的错误，比如，我们谁敢说肯定没有在古代度量衡的迷宫中栽过跟头呢？）即使

我们设想学者的专注力极为出色，但总会有陷阱等着他，甚至文献本身也会造成陷阱：有些价格可能由于大意或恶意而登记得不准确；另一些价格可能很特别（如“友情”价或相反的欺骗性高价），因而严重影响平均值；市场行情表登记的是市场上通行的价格水平，但登记工作可能并不总是那么认真。但数量众多的价格指数可以弥补这些讹误。因为所有价格数字都在同一方向上出错，这种概率是极小的。因此，如果借助不同的数据得出的结果能相互佐证，协调一致，那是因为在各种疏忽、细微的欺诈性高价和善意的低价之间，有一种我们不可预见的平衡和协调。证据之间无法克服的多样性会导致它们的终极和谐，这种情况只能来自一种具有潜在的、无可置疑的统一性的事实。

检验证据真伪的试剂不可粗暴地使用。几乎所有指导检验工作的理性原则和经验，只要将它们推向极致，就会遇到相反的原则和经验，从而发现其限度。正如一切有清醒意识的逻辑一样，史学批评也有其内在矛盾，至少表面上是如此。

我们已经看到，如果要确认一个证据是真实的，从方法论上说，它必须与相邻的证据有一定的相似性。如果严格执行这条准则，该如何理解科学发现？因为所谓发现即意味着意外和不同。如果一门科学所考察的完全是稀松平常、意料之中的事情，那它对实践几乎没有什么益处，也没有多少乐趣。迄今发现的最早的以法语（而非像此前那样以拉丁语）书写的特许状不早于 1204 年。假设明天有位学者发现了一份年代为 1180 年的法语特许状，我们[103]能判定这是份假文献吗？还是说我们的认识不够充分呢？

114 另外，当一个新证据与相邻的证据发生矛盾时，这种矛盾印象可能不仅仅是因为当时我们知识上的缺陷，这还可能是事物之间存在真正的不协调之处。社会的一致性规范还没有强大到让每个个体或小群体都无法逃脱的地步。我们能以帕斯卡尔没有像阿尔诺

(Arnauld)[104]一样写作、塞尚（Cézanne）不曾像布格罗（Bouguereau)[105]一样绘画就否认《外省人书简》及《圣维多利亚山》（*Montagne Sainte-Victoire*）公认的创作日期吗？我们能以同时代遗留下来的大部分工具是石器为由而认为最古老的青铜工具是赝品吗？

这样的错误结论绝非虚构，学术常规经常因为事实反常而否认其存在，这样的例子不胜枚举：从伏尔泰大加嘲笑的埃及动物崇拜，到第三纪的人类遗迹。不过，如果详加审视的话，这种方法论上的悖论只是个表面现象。相似性推理并未失去其有效性。重要的仅在于以更为准确的分析方法在可能的偏差中发现必然存在的相似点。因为一切个体性创新都有其局限。帕斯卡尔的文风只属于他自己，但语法和基本词汇仍属于他的时代。若要判定一份特许状的年代为 1180 年，通过它使用的古旧语言可以得知，它与已知的同时代的其他特许状并无太大区别，因为如果确认它为真品，它使用的法语应与当时文本中体现的法语形态大致相符，它提到的制度应符合当时的实际状况。

同样，深入的批判性比较不应满足于同一时间段的证据的对照。一个人类现象总是贯穿各个时代的锁链中的环节。如果有一天，某位新的弗兰-卢卡斯把一批手稿呈递给科学院，向我们宣告，他已经证明帕斯卡尔在爱因斯坦之前就已发现广义相对论，那么我们肯定会认为他给出的证据是伪造的。这并不是因为帕斯卡尔不可能发现当时人没有发现的东西，而是因为相对论在进入数学思考之前必须有漫长的发展过程，不管个人如何伟大，他无论如何不能凭个人的天才完成若干代人的辛勤工作。相反，当最初发现旧石器时代的绘画时，一些学者对其真实性和年代提出质疑，理由是这样的艺术不可能先盛后衰，但这种怀疑并不合理，因为发展的链条可能断裂，文明也可能走向死亡。

我们曾读过德里海（Delehaye）神甫[106]的作品，他说教会有个 115
节日，纪念两位在意大利死去的教徒，他俩是读过圣徒传记后皈依基督教的，他们每人都创立了一个修会，修会都有同样的名字，这两个修会后来被两位同名的教皇取缔。人们肯定都以为是同一个人被误认为两个人，并以两个不同的名字列入殉教者名录。但的确有追随圣徒传记中的榜样而皈依教会的情况，如创立 Jésuates 修会的圣约翰·科隆巴尼（Jean Colombani）和创立耶稣会（Jésuites）的伊纳爵·德·罗耀拉（Ignace de Loyola）；他们俩都死于 7 月 31 日，前者是在 1367 年死于锡耶纳（Sienne）附近，后者于 1556 年死于罗马；Jésuates 修会后来被教皇克莱芒九世（Clément IX）解散，耶稣会被克莱芒十四世（Clément XIV）解散。这个例子很有趣。它也许不是唯一的。如果一场灾难使得前几个世纪的哲学著作只剩下简陋的轮廓，未来的学者需要多么的细心才能注意到有两个叫培根（Bacon）[107]的英国思想家[108]呢？更何况两人的学说都十分强调实验知识。帕伊斯（Païs）先生曾将许多古罗马传说视做无稽之谈，他唯一的理由——或几乎唯一的理由——是，这些传说中老是出现相同的名字，而且这些名字反复出现在情节相当接近的故事中。在对剽窃的批判中，关键一点是检举事件或词语的自发重复，因此巧合的情况会与这种批判产生冲突，在后者看来，巧合是一种还不愿被排除出历史学的怪诞现象之一。

但笼统地承认巧合的可能性是不够的。当巧合被视为普通事实时，史学批评就要在赞成和反对之间摇摆。既然怀疑已成为认识的工具，那么在每种特殊的情形下，都应该准确地衡量出可能性的程度。在这一点上，历史研究像很多其他精神学科一样，跨上了概率论的康庄大道。

估算一个事件的概率就是衡量其发生的可能[109]。于是就有这样一个问题："一个历史事件的概率"的说法合理吗？从绝对意义上说，显然是不合理的。唯有未来存在偶然性。过去是给定的，不能以可能
116 性来取代。骰子掷出去之前，无论出在哪一面，概率都是 1∶6；一旦掷出，概率的问题也就不存在了。我们事后可能会拿不准，那天掷

出的是 3 还是 5，但这时的问题在于我们或我们的证人的记忆不准确，而事情本身是确定无疑的。

不过，如果仔细分析起来，历史研究的习惯与[110]或然率的概念毫无矛盾。探讨某个历史事件的可能性的历史学家，实际上是通过大胆的想象将自己置于事实发生之前的境地，以评估事件前夕存在的各种可能。难道不是这样吗？未来更是存在或然性。不过，如果在想象中把过去和当下的分界线向前推，当下便成为过去的未来，虽然它的基础对我们而言实际上是过去。如果事情无可争辩地发生了，此类设想几乎只有玄学游戏的价值。拿破仑出生的概率有多大？1914 年阿道夫·希特勒（Adolf Hitler）作为士兵躲避法国人的子弹的概率有多大？这类问题当然可以当做消遣，如果能对认真对待的话：即把它们当做一种语言上的假设，用以阐明人类进程中偶然性和不可预见性所起的作用。但这些问题与证据批评无关。但另一方面，事实的存在能是不确定的么？比如，我们能怀疑某位作者在并未抄袭外来文本的情况下，可以自发地重复很多故事和词语么？偶然性或者某种天定和谐能够解释《锡安长老会议纪要》（*Protocoles des Sages de Sion*）与第二帝国某位不知名的政论家的那些小册子之间惊人的相似性吗[111]？我们今天接受或否认巧合的真实性，要根据文本写出来之前巧合的或然性系数的高低。

然而，关于偶然性的数学是基于假设之上。它的假设前提是，所有可能的状况最初的条件都是不充足的：某个特殊的原因可能事先有利于这种或那种状况，但在计算中，这个原因是外在因素。理论家的骰子是达到完美平衡的立方体；如果某一面的下方有一颗铅粒，游戏者的机会就不均等了。但在证据批评中，几乎所有的骰子都被做了手脚。因为极为微妙的人类因素总是设法让天平向某个特别的方向倾斜。

说实话，有个历史学科很特殊。这就是语言史，至少是那些旨在 117
确定语言亲缘关系的分支学科。虽然这种研究的范围与严格意义上的史学批评很不一样，但它与后者的很多做法有一个共同点，那就是努力发现亲缘关系。它推理的前提条件与或然性理论所熟知的原初均等公设十分特别接近。它的这一特权甚至应归因于语言现象本身的特殊性。实际上，语音之间组合的可能性无限多，因此在大量不同的言语表达中，偶然重复的概率降低到无穷小。还有更重要的方面：除了几个少见的象声词外，人们赋予语音组合的意义完全是任意的。两个很接近的语音组合 tu 和 tou（以法语和拉丁语读作“ tu”）被用来指第二人称，但没有任何先定的具体联系要求必须这样。因此，如果在法语、意大利语、西班牙语和罗马尼亚语中，这种语音组合都有同样的意思，而同时这些语言之间还有【另】一大堆难以解释的对应现象，那么唯一合理的解释就是：法语、意大利语、西班牙语和罗马尼亚语有着共同的源头。因为繁复多样的可能性不能引起人的关注，而纯粹的概率计算则能使人作出判断。

但这种简单明了远不是普遍的。

一位中世纪君主留下几份文书，它们处理的是不同的事务，但都使用了某些相同的词汇和表达方式。文风批评（*Stilkritik*）的拥护者（即“写作风格批评”的狂热信徒）断言，它们是同一位公证人起草的。首先的问题是，这里起作用的是否只有偶然性。但情况肯定不是这样。每个社会、甚至每个小职业群体都有自己的语言习惯。因此仅仅列举相似点是不够的。还应该在相似点中找出常见中的少见之处。只有那些真正特别的表达用语才能揭示作者的身份：当然，条件是这些用语应有足够多的重复次数。前述判断的错误之处在于赋予所有语言要素以同等的重要性，因而忽视了这样一点：每个语言要素受社会偏爱的程度不一样，就像破坏机会均等的骰子中的铅粒一样。

19 世纪初以来，整整一个学派在致力于研究文本的流传。他们的原则很简单。假设同一作品有三件手稿：B、C 和 D。如果确认三方都有同样明显错误的异文（leçon）（这是最古老的验错方法，即拉

118 赫曼【Lachmann】法）；更为全面的做法是，如果三份手稿中都发现

了同样的异文，但这些异文与其他手稿中的大部分异文不一样（这就是康坦（Quentin）神甫[112]倡导的版本完整统计法），那么便可断定，这三份手稿“有亲缘关系”。就是说，它们要么是按有待确定的次序相互抄袭，要么是以不同的渠道模仿同一范本。的确可以很肯定地说，这样明显的一致之处不可能是偶然造成的。然而，最近人们才注意到的两则评论促使文本批评放弃其初步结论中过分的、机械的严格性。

抄写者有时会修改他们的范本。另一方面，即使他们是在独立工作，共同的思维习惯也经常会使他们得出相似的结论。特伦斯(Térence)[113]有的时候使用单词 raptio，这个词极为罕见。两个抄写员因为不理解这个词，就用 ratio 一词来代替它，这个词他们很熟悉，但把原意弄错了。但他们一定是商量过或彼此模仿吗？从手稿的“谱系学”来说，这种错误是我们无法获知的。还有，为什么抄写员自始至终只用一个范本呢？如果可能的话，他可以比照好几个范本，以便选择他最喜欢的版本。当然，这种情况在中世纪肯定很少见，因为当时图书馆匮乏，但仅从表面情况来看，古代类似的情形要普遍得多。人们习惯于在校订本的扉页上画上美丽的耶弗他[114]之树，但这些源自好几个不同版本的杂交品究竟放在哪根枝桠上呢？在产生巧合的过程中，个人意愿和集体力量的压力，都会被误认为偶然。

【刚才我们在统计曲线的一致中看到了验证这些曲线之准确性的试金石，我们难道不是在作一种或然性推理吗？错误换来的是一个关于偶然性理论的经典话题。但在这里，我们仍要提防人类意愿造成的麻烦。我们知道，出错的方式多种多样。在文献中，在账本和市场行情表中，这种情况很常见。但也有性质相仿的错误。在 17 世纪和 18 世纪的法国，一些原以实物形式缴纳的农民捐税逐步改成货币支付。为了方便征收，每年都要根据市场行情制定等价表：比如说，每斗小麦应折合多少利弗尔多少苏。领主当然希望定价高于实际价格。当负 119
责制定换算表的机构被他们控制或与他们有共同利益时，就会出现假造的数字。我们今天在重建过去的价格时，不就是使用这类资料吗?曲线图的重合可能只反映了某种共同的先定价格，而曲线的波动反映的也许只是外省小法庭相关条款的变动。类似的情形还出现在多个海关统计中，甚至出现在根据登记过的文件计算出的不动产价格中：为了逃避税务机关，实际支付的总额往往系统地降低了。当以抽签的方式从袋子里取出白球和红球时，如果白球和红球能够对双方被抓中的概率达成默契，抽签的法则还有何意义呢?】[115]

因此，正如沃尔内已经看到的，在18世纪哲学中，大部分的史学批评问题是或然性问题，但最精密的计算也无法解决这些问题。这不仅仅是因为历史资料的极端复杂性。这些资料本身经常也无法转换成数学语言。例如，怎样用数字来衡量一个社会赋予一个词汇或习俗的好感呢?我们无法用费马（Fermat)、拉普拉斯（Laplace）和埃米尔·波莱尔（Émile Borel)[116]的技艺来摆脱面临的困难。既然这种技艺某种意义上位于我们的理性中不可企及的极限，我们至少可以请它为我们提供高屋建瓴的帮助，以更好地分析和指导我们的推理。

如果你与学究们没有经常性的往来，你不会明白他们一般是多么不愿意承认纯粹的巧合。萨利克（Salique）法典和克洛维的一份敕令中有两个相似的说法，于是一位可敬的德国学者断言，萨利克法典一定出自克洛维。我们且把关于双方用词的陈旧话题放到一边。一点点的数学理论可能足以防止这种错误的步骤。当偶然性处于随机状态时，个别或为数很少的巧合一般而言并非不可能。这种巧合会让我们吃惊，但这并不重要，因为常识中的意外很少是有重大价值的印象。

120 我们可以来自娱自乐，计算一下在两个不同年份的同月同日中两个不同人物的死亡概率。这个概率是1/365乘以1/2[117]。我们现在预先承认，科隆巴尼和伊纳爵·德·罗耀拉的修会将被罗马教廷取缔（当然这个假设很荒谬)。根据教皇名单，可以确定由带有同一名字的两位教皇宣布取缔决定的概率为11/13。两人同月同日死亡的概率与两个同名（宣布取缔决定的）教皇的概率综合之后，概率大约在 $1/10^5$ 到 $1/10^6$ 之间（即十万分之一到百万分之一之间）[118]。有人或许会打赌说不是这样。但自然科学认为，只有当概率在 $1/10^{15}$ 左右，现实中才接近于不可实现。可以看到，我们估算的概率比这个值大得多。完全有理由认为这样的概率会成为现实，两个圣徒的例子已经确定无疑地证明了这一点。

实际中可以被忽视的只有出现累积性巧合的概率：因为根据那个著名的定理，由于基础概率一般小于 1，各种基本状况出现的概率相乘后得出组合概率从性质上说必然小于基础概率。语言学中有个著名的例子：单词 bad 在英语和波斯语中都是“坏”的意思，但这个英语词和波斯词之间却是最没有共同源头的。谁要是根据这唯一的对应关系便声称确定了两者之间的亲缘关系，那就违反了所有巧合批评法的 121
前提法则：只有数量众多才会予以考虑。

众多的巧合或差异来自大量的个别案例。数量众多时，意外情况造成的影响总体而言会被抵消。相反，我们如果单独考虑某个因素呢？在这种情况下，变量的作用不可轻视。即使骰子被做了手脚，每次孤立的投掷的结果也总比赌局的结果难以预测；因此，对一次性投掷的解释要远为多样。同样的道理，考察越是深入细节之中，考察结果的可靠性便会逐步降低。我们在今天阅读的《俄瑞斯特》(*Orestie*)中，几乎不敢肯定任何一个单独的词汇与埃斯库罗斯（Eschyle）当时写的完全一致。但我们对整篇文本的确信度要高于其具体词句。

我们究竟能在什么范围内宣告确定无疑呢？马比荣早已说过，特许状的批评检验不必期待“玄学上的”确定性。这话没错。我们有时只是出于简约才用确信的说法代替或然性的说法。不过，我们今天比马比荣的时代更能理解这一点，这种共识对我们绝无特别之处。从绝对意义上说，《君士坦丁赠礼》并非“不可能”为真品，而塔西陀的《日耳曼尼亚志》为赝品也非不可能（某些学者确实有这种奇想）。同样并非“不可能”的是，某个模仿者有一天会突发灵感，竟一字不差地重写出《君士坦丁赠礼》或《日耳曼尼亚志》。古尔诺说："所谓现实中不可能的事情，无非是或然性无限小的事情。"史学批评的确定性实际上是可能与不可能的概率，因此它与大部分现实科学的不同之处仅仅在于：它对概率的层次区分更为细致。

理性的批评方法[119]运用于人类证据之后已取得巨大成就，对于这一成就，我们非得以确定无疑的心态去衡量吗？而且我所指的成就不仅是历史知识，而是指普遍意义上的知识。

122 不久前，如果一件事被言明，那它十之八九会被接受，除非事先有十分确凿的理由怀疑证人或叙述者在说谎。但我们不能认为这种现象由来已久。吕西安·费弗尔在关于文艺复兴的研究中出色地证明：人们的思想和行动与【同我们】邻近的时代并无二致，这样的时代是如此切近，以致当时的杰作依然是我们活生生的精神食粮。我们总是想当然地认为，由于延续至今的大众盲信和半吊子学者的消极影响，我们脆弱的文明正走向无知和疯狂的深渊。但是，即使最坚定的思想，不会也不能逃脱普遍的偏见。不是有人说下过血雨吗？所以一定下过血雨。如果蒙田在他喜爱的古代作家那里看到连篇空话，如居民生来就没有头的国家、力大无穷的印颈鱼之类，他会怎么做呢？他会毫不犹豫地把这些东西当做论证自己学说的材料【：不管他如何出色地揭示谣言产生的机制，他的怀疑精神主要体现在他对传统观念的态度上，而不是对所谓有根据的事物的态度上】。于是居于支配地位的是拉伯雷神话中那位年迈的道听途说先生，物的世界和人的世界中都是如此。因为，人主要受更为直接的经验的启发，他更加怀疑的是人类的事情，而不是流星或据称有机生命的意外事变。你们的哲学反对奇迹说吗？你们的宗教反对其他宗教的奇迹吗？你们应努力从显灵现象中揭穿那些所谓的原因，如魔鬼的作用或玄奥的冲动，这些东西仍然附着于完全与今天所称的科学思维无关的观念和意象体系。人的思想还几乎还没有否认显灵的勇气。【作为十分反感基督教神迹的帕多瓦学派的领军人物,】彭波那齐（Pomponazzi）[120]不相信国王仅凭自己的国王身份——就算他涂过圣油瓶中的油——触摸病人就可治病。但他并不否认国王治病说[121]。他解释说，其中的原因在于某种具有遗传性的生理特征[122]：国王的神圣职能具有光辉的特权，这特权就体现在王朝体液的治病功能上。

虽然我们今天的世界观中已经扫除了诸多被证实为虚构的奇迹形象，但是，由于数代人之间的默契，我们把这一进步归功于从永恒法则支配的自然秩序中逐步产生的观念。然而，这种观念自己还不够牢 123
靠，还有一些与它相悖的评论，对于这些评论，只有对作为证据的人进行耐心的批判性研究才能克服。今后我们就可在发现证据的不足之处的同时解释这种不足。我们已经有权拒绝相信一切，因为我们比过去更清楚地知道，什么时候和为什么不可轻信。正因为如此，科学已经成功地摆脱了很多伪问题的重负。

但纯粹的知识此时比任何时候都更离不开正确的指引。

在为历史学奠基的那一代人中间，理查德·西蒙的名字位居前列，但他只给我们留下了一些出色的解经学的讲稿。后来人们发现他以自己的睿智拯救了几个无辜者，这些人被愚蠢地指责为犯有宗教礼仪上的罪行。两种情形的巧遇并非偶然。双方都需要思想上的清晰，而同一件工具可以满足双方。诉讼始终要以别人的报告为根据，因此它同样涉及报告的准确性问题。诉讼使用的方法并无不同。更准确地说，这就是学术研究中率先使用的方法。在有效地使用怀疑方法的艺术中，法学实践亦步亦趋地紧跟圣徒传记续编者和本笃会士；直到过去的记忆风暴开始成为理性考察的对象很久之后，心理学家才敢于在直接观察和引述的证据中寻找研究对象。我们的时代比以往任何时候都更容易受谎言和谣言的毒害，而批评方法还没有进入教育界、哪怕是进入教育计划中最微不足道的角落，这真是让人愤慨！因为批评方法不再是作坊里低贱的辅助工具。它已经展现了十分宽阔的视野；历史学通过发展其技艺而为人类敞开了通向真实、因而也是通往正义的一条新道路，它有权将这一成就视为其最确定无疑的光荣之一。

【注释】

〔1〕】本身【

〔2〕】很早【

〔3〕】或时代背景【

〔4〕】——这是彻底的传统主义心态的典型特征：由于信仰在于过去之中，人们反而对过去心存疑虑——【

〔5〕】，这（种反应）远不像人们有时认为的那样，是很个别的现象【

〔6〕】在车上或途中碰上的【

〔7〕指的可能是沃尔内伯爵（Constantin-François Chasseboeuf，1757—1820），法国哲学家、历史学家和东方学家。——译注

〔8〕指的应是古罗马皇帝维斯帕西安（9—79）。——译注

〔9〕原稿中这段话有两段，而且有些句子有较大不同。

〔10〕】似乎【

〔11〕米歇尔·勒瓦索尔（1646—1718）：法国史学家，奥拉托里会修士，著有《路易十三历史》。——译注

〔12〕理查德·西蒙（1638—1712）：法国《圣经》考证学者，著有《旧约批评史》、《新约版本批评史》等作品。——译注

〔13〕埃里·杜潘（1657—1719）：法国教会史学者，著述极为丰富。——译注

〔14〕】虽不华丽，但【

〔15〕编号为Ⅲ-5的稿纸开头为“严格意义上的”，结尾是“以另外的术语”。该页稿件是由一份原稿打印稿和复印件发展而来，并完整地存在于手稿中。这里采用的是原稿打印稿，里面有两处手动的修改，而复印件没有修改。

〔16〕克劳德·贝尔纳（1813—1878）：法国生理学家和科学史学者，曾对科学研究中的因果关系和证实与反驳等问题发表过精辟见解。——译注

〔17〕】受其影响的【

〔18〕】是怀疑【

〔19〕编号为Ⅲ-6的稿纸开头为“大体确定了”，结尾是“由于没有宏观引

导，它”。该页稿件是由一份原稿打印稿和复印件发展而来，后两份稿件还在。这里采用的复印件，其中划去了下面的话（但原稿中没有改动）:】在弗勒里（Fleury）神甫的《教会史初论》（*Premier Discours sur l'histoire ecclésiastique*）——初版于……（年代不可辨）——中，可以找到一篇很合理的论述，达朗贝尔（d'Alembert）后来在《百科全书》(*Encyclopédie*) 中只是照抄了它。【

〔20〕】一点一滴地【

〔21〕】批评【

〔22〕在第一稿中，此处还有一段话，其开头是“最初的学者”，结尾是“古代埃及的贸易”。在定稿中，这段话发生了位移。

〔23〕】仿佛【

〔24〕编号为Ⅲ-7的稿纸开头为“可能”，结尾是“对次要事物的修饰”。该页稿件是由一份原稿打印稿和复印件发展而来。这里采用的是复印件，其中的几个词被划去，而且有几处手动的修改。原稿亦在，但没有手动修改的痕迹。

〔25〕】的良知【

〔26〕】去【

〔27〕】此刻我手边有一本十分有趣的著作，是关于宗教改革前夕的德国的。(……)有这样一位化学家，他宣称作出了一个发现，但他拒绝展示得出这一发现的实验，他说是因为“这会让我的读者厌烦”。【

〔28〕“我眼前【……】一个卓越之处”一段是修改后的文字，原文是:】一套中世纪契据集。有一些契据有可以查考的年代标记，这其中可能有一些不真实的信息。(……) 若要根据年代和文明为史前人类的工具分类——唯有这种分类能解释各种沉默的标记——所采用的方法与埃及文物市场上专家们鉴别数不清的物品时采用的方法没有明显的差异。【

〔29〕这句话取代了另三句很不同的话。

〔30〕这段话在第一稿中有很大的不同。

〔31〕】伪造通常还有别的理由么？当代史提供了一个造假的例子，有些人喜欢称这种造假为“爱国主义的”；这完全不是爱国主义，因为试图报道的事实尽可能地远离真相。【

〔32〕】应该强调这一常识的规则。因为，不管这个规则看起来多么陈旧，

它并不是总能得到准确的运用。这不是一种应受责备的意见。现在已不是让天真汉接受下述格言的时代了："报纸上的当然是真的。"宣传因为被滥用而自毁信誉。今天，媒体新闻、官方发布的消息，都在公众中遭遇根本的怀疑，对这个国家的思想健康来说，这种怀疑造成的危害并不见得比过去的盲目轻信小多少：至少盲目轻信从未像人们认为的那样普遍。【

〔33〕以"但在承认一份材料……"开头的这段话替换了原来四句很不相同的话。

〔34〕】这样【

〔35〕】向巴黎的法院【

〔36〕】或大或小【

〔37〕】自己【

〔38〕在第一稿中，这段话描述得更为具体：我个人还记得，不久前我曾在一份外省高中的就职会议笔录上（但这已经是很久前的事了）签字。为避免一点管理上的麻烦，我按该校的要求在笔录上注明了日期，但实际上我那时正因病羁留巴黎。【

〔39〕】比我们【

〔40〕这里的里是古法里，每里约合 4 公里。——译注

〔41〕】本身【

〔42〕】它表现了某种心态，并提供了有关的历史环境的信息。【

〔43〕】积极的【

〔44〕根据教会史学家尤西比乌的说法，此人是位腓尼基作家，曾以腓尼基文写下三卷本著作，但传世的只有其部分希腊文译本。——译注

〔45〕】。有趣的是，说谎的爱好有时竟变得像集体流行病一样【

〔46〕相传是 3 世纪的爱尔兰英雄和游吟诗人。——译注

〔47〕传说是英法百年战争期间的法国女诗人，其丈夫战死在奥尔良。著有《克罗蒂尔德之歌》。——译注

〔48〕维尔马盖（1815—1895）：法国语言学家、作家。——译注

〔49〕】的手稿【

〔50〕】，伪 Ingulph 的英国纪年，被认为是伪 Richard de Circencester 的"布列塔尼风景"评论【（译者按：Ingulph 是中世纪英国的本笃会修士，卒于 1109

年，有人曾认为他是其所在的Crowland修道院历史的作者。Richard de Circencester亦为中世纪英国本笃会修士，卒于1401年，有《英格兰国王功业史鉴》传世。）

〔51〕】几乎【

〔52〕】（我已经指出过这一点）【

〔53〕】我们看到的【

〔54〕】严格意义上的【

〔55〕】——而且似乎还延续了很长时间——【

〔56〕】，虽然其中还有其他原因。【

〔57〕】让人扫兴的【

〔58〕】才【

〔59〕】已经【

〔60〕】这位勇士【

〔61〕】、至为确定无疑的【

〔62〕】几天前【

〔63〕】（为使读者不致厌烦，我删减了大量有关帕斯卡尔-牛顿事件的文字）【

〔64〕】几乎【

〔65〕】例如【

〔66〕】特别的【

〔67〕昆体良（35—95）：古罗马教育家和修辞学家。——译注

〔68〕】因为延期，【

〔69〕】小【

〔70〕】：对新闻报道的诚实性研究，可能比任何关于其他当代史问题的研究都更有意义【

〔71〕】或放大【

〔72〕】，至少是其中的一些人【

〔73〕】和最不具危险性【

〔74〕】纯属【

〔75〕即明谷的伯纳尔（1090—1153），西多会修士。——译注

〔76〕】——还有其他事例——【

〔77〕从前面的“当时人们”到“多么完美”，我们选用的是原稿中的文字，其中有几处手动的修改。另有一个打印稿，标号为Ⅲ-14，但没有任何手动修改，文字与第一稿中相同。

〔78〕可以将这段话与马克·布洛克在下列文章中的举例作比较：《一个历史学家对大战期间假新闻的反思》（“Réflexions d'un historien sur Les Fausse Nouvelles de la guerre”），载《历史综合评论》，1921；该文后收入马克·布洛克的著作《史学文集》（*Mélanges historiques*）第1卷第42页。

〔79〕拉马丁（1790—1869）：法国诗人、政治家，著有《吉伦特派史》，但书中错误较多。——译注

〔80〕】或安全问题【

〔81〕】有理由【

〔82〕】同样，司法调查也不能确定，在克吕兹（Cluses）……工厂的领导使用武器是在罢工者投掷石块之前还是之后。【

〔83〕“夫人大道”是法国北方埃纳省一条东西向的公路。——译注

〔84〕】；它不仅十分醒目【

〔85〕】更是【

〔86〕比较这段话与《史学文集》第53页中的有关段落。

〔87〕】云彩中的【

〔88〕安布罗斯·帕雷（约1510—1590）：法国医生，被认为是16世纪最杰出的医生，曾为多位法国国王服务。——译注

〔89〕】另一方面，【

〔90〕】。我曾在前文中强调指出这种对文字的怀疑症【

〔91〕】各式各样的【

〔92〕】也【

〔93〕】，有时还住在有村民的村子里【

〔94〕】。当然，触角最远的交流渠道是返回前线的休假士兵。然而，他们从家乡带回来的消息，也被认为是谎言，大家对此同样充满疑虑【

〔95〕】某种【

〔96〕】断断续续的【

〔97〕】但不可把比较推向极端。从很多方面看，战争是一种惊人的倒退经历。但这不是一种完全彻底的倒退，几个世纪思想演变的痕迹不可能一下子抹去。在1914—1918年的普通士兵中间，轻信谣言的情况相当严重，但我认为，这种轻信为时较短。轻信首先集中出现在那些可能直接影响他们命运的事件上——这是很自然的事，如换防、部队调动和即将到来的进攻行动。与中世纪的百姓比起来，士兵们的关注点更为广泛，他们的世界观更宽阔，内容更充实。有人曾说，历史学家如果希望从当下发现过去的精确复制品，那他是无法研究当下的。他只能在当下寻找更好地理解和体验过去的途径和方法。第一次世界大战期间的假消息正好给我们提供了一个很好的例子——如果我没有弄错的话。【

〔98〕从这一段的标题到书稿的末尾，脚注说明的是打字稿与定稿之间的差异，定稿包括几页插入的手稿和几页带有手动修改的打字稿，以及没有任何手动修改的打字稿。

〔99〕这里也许可以加上马克·布洛克的注释："我年轻的时候，宪章文书学院的领导人、一位著名的学者曾十分自豪地对我们说：'我确定的手稿年代的偏差不会超过20年。'只是他忘了一件事：很多缮写员活到了40多岁；虽然他们的笔迹有时会随年纪的增长而改变，但很少去适应新的书写风格。肯定有这样的情况：在1200年左右，一些六七十岁的缮写员可能仍然在使用1150年左右学到的书写方式。实际上，书面文字的历史奇怪地滞后于言语的历史。书写的历史还在等待它的迪茨和梅耶。"（译者按：布洛克这里提到的迪茨可能是指德国学者F. Ch. Diez（1794—1876），他曾以历史语言学的方法研究罗曼语系，著有一些语法著作和辞典；梅耶可能指的是法国著名语言学家Antoine Meillet（1866—1936），他对印欧语系语言史有广泛研究。）

〔100〕马格德林为旧石器时代晚期的文化，距今约15 000年到8 000年。——译注

〔101〕这是个新创的词。

〔102〕相传圣乔治是名古罗马士兵，戴克里先皇帝（284—305年在位）禁卫军中的传道者。——译注

〔103〕】不必太操心便【

〔104〕指的应是17世纪法国神学家、数学家、詹森派领袖之一安托万·阿

尔诺（1612—1694），他是帕斯卡尔（即《外省人书简》的作者）的同代人和精神上的同道者。——译注

〔105〕布格罗（1825—1905）：法国学院派画家，是个传统主义者，而与他同时代的塞尚（1839—1906）为后期印象派的主将，被视为现代艺术的先驱。——译注

〔106〕德里海神甫（1859—1941）：比利时耶稣会士，圣徒传记研究者，圣徒传记续编会的杰出成员。——译注

〔107〕即罗哲尔·培根（Roger Bacon，1214—1294）和弗朗西斯·培根（Francis Bacon，1561—1626）。——译注

〔108〕】——他们虽相距三百余年，但将年代视为伪造的情况并非不可能——【

〔109〕这一段以及随后的七段位于编号为Ⅲ-32、Ⅲ-33和Ⅲ-34的三页手稿上，打印稿即由它们而来，本书中的文字与未经改动的打印稿一致。

〔110〕】前面定义的【

〔111〕《锡安长老会议纪要》是一份著名的反犹主义文献，创作者是19世纪末俄国驻巴黎的秘密情报人员Mathieu Golovinski，文中宣扬犹太人统治世界的野心。有学者认为，这份文献深受法国律师Maurice Joly（1829—1878）的《马基雅维利和孟德斯鸠的阴间对话》（*Dialogue aux enfers entre Machiavel et Montesquieu*）的启发，该册子发表于1864年，文中讽刺了拿破仑三世的政治野心。布洛克文中提到的可能是这件事。——译注

〔112〕拉赫曼指的可能是德国语文学者拉赫曼（K. K. F. W. Lachmann，1793—1851）。康坦神甫，19世纪20世纪之交法国《圣经》文本研究者。——译注

〔113〕公元前2世纪的罗马剧作家。——译注

〔114〕耶弗他：《圣经》中人物，见《旧约全书·士师记》：11。这里的耶弗他之树也许代表纯正。——译注

〔115〕方括号里的这一段话在吕西安·费弗尔编辑的版本中被删除，不知原因何在。这段话出现在手稿原文和复写纸上，两者都没有任何手动修改，后来的打印稿编号为Ⅲ-37乙，这里的文本与打印稿同。

〔116〕费马（1601—1665）、拉普拉斯（1749—1827）和埃米尔·波莱尔

(1871—1956)，都是法国数学家。——译注

〔117〕马克·布洛克注释："假设每人在一年中每天的死亡概率相等。当然这并不准确（存在年度死亡率曲线）；但这里的假设并无大碍。"

〔118〕马克·布洛克注释："自让·科隆巴尼去世直至今日，教廷共有65位教皇（包括教会大分裂期间的双重和三重教皇）；伊纳爵死后共有38位教皇。第一份名单中共有55位同名者，第二份名单中的38人都有同名者（众所周知，教皇习惯于采用已经通行的名字）。因此，Jésuates修会被两位同名教皇取缔的概率是55/65，或11/13；耶稣会的这个概率为38/38，或1，换言之，耶稣会的概率已成为确定的。综合后的概率是11/13乘以1，即等于11/13。最后，$1/365^2$或1/133 225乘以11/13等于11/1 731 925，略大于1/157 447。若要做到完全准确，还应考虑每位教皇的在位时间。但鉴于这里只是数学消遣，其唯一的目的是说明大致的数量范围，因此我觉得可以简化计算。"（马克·布洛克的这条注释见于两份打字稿：最初的打字稿没有手动修改，该稿的复写稿有几处手动修改，这里采用的是后者。）

〔119〕编号为Ⅲ-37的手稿以这段话开端，手动修改之前的打字稿即使用该稿。这里的文字与打字稿相同。

〔120〕彭波那齐（1462—1525）：意大利哲学家。——译注

〔121〕编号为Ⅲ-37的手稿在这里结束。

〔122〕】。他认为，国王医生每次在触摸前弄湿手指【

第四章　历史分析

1. 评判还是理解？

124 晚年的兰克（Ranke）曾有一句名言：历史学家没有别的任务，除了“按事实的本来面目”（*wie es eigentlich gewesen*）去描述事实。在他之前，希罗多德就已说过“讲述已经发生的事情”（*ta eonta legein*）。还有一些说法劝告学者在事实面前退隐。像很多的格言警句一样，这个说法的魅力也许仅仅在于它的含糊性。人们可以认为它是关于诚实的委婉劝告：也许不必怀疑，这就是兰克的意思。但这也是一种消极的劝告。由此便产生了两个问题，历史的公正性问题，历史是再现的尝试还是分析的尝试的问题。

但存在历史的公正性问题吗？这个问题的提出仅仅是因为公正一词有歧义。

公正有两种形式：学者的公正和法官的公正。两者有个共同的根基，那就是诚实地服从真相。学者记录、更准确地说是提出一些可能会推翻他们最珍视的理论的实际经验。对一位优秀的法官而言，不管内心有何不可示人的意愿，他询问证人的唯一目的是了解事情发生的真相。这是两者无可争辩的道义责任。

但这时出现了岔道。学者评论和解释过后，他的任务就完成了。但法官还需给出裁决。他能克制一切个人偏好、完全依法作出裁决吗？他自认为是公正的。从法官的意义上说，他确实能做到这一点。但从学者的意义上说很难做到。因为判决或免诉必然意味着拥护某种与实证科学无涉的价值体系。一个人杀死了另一个人，这是个完全能 125
够进行检验的事实。但惩罚杀人者的前提是后者应被视为有罪：而这一点总的来说只是一种意见，但并不是所有文明都能会采取一致的意见。

然而，历史学家长期被视为某种阴间里的法官，负责向死者分发赞美或责难。应该承认，这种看法与一种根深蒂固的本能相对应。因为所有修改学生作业的老师都深知，要在讲坛上劝阻他们别去扮演米诺斯（Minos）和奥西里斯（Osiris）[1]是件多么困难的事。帕斯卡尔的话最为鲜明："所有人在作判断时都成了神，这既好又不好。"人们忘记了，一个价值判断[2]的存在理由仅仅是为某一行为作准备，或只有在某种被认可的道德参照体系中才有意义。在日常生活中处理问题时，我们必须进行贴标签的工作，虽然标签通常相当简便。当我们无法贴标签，当普遍认可的观念与我们的观念有深刻差异时，我们面临的只有困窘。我们对自己和自己的时代真的那么自信，以致可以臧否前人吗？把个人的、个别党派的或某代人的标准——完全是相对的——上升为绝对标准，并以此去非难苏拉（Sylla）统治罗马、黎塞留（Richelieu）统治笃信王[3]的国家的方式，这是多么荒唐的事！从性质上说，这样的裁决比任何其他东西都更具多变性，因为它受各种集体意识或个人意愿的影响，由于历史学经常以超越经验之罗列为荣，因而无故地被视为最不可靠的学科之一：空洞的指控之外还有那么多徒劳的翻案。罗伯斯比尔（Robespierre）主义者、反罗伯斯比尔主义者：请告诉我们罗伯斯比尔究竟是个怎样的人吧！

不过，如果判断是在解释之后，读者也许只需跳过这一页。不幸的是，判断的力量最后会导致解释兴趣的丧失，这几乎是致命的。过去激情的映象与当下的成见交织在一起时，视线也就无可救药地混乱了，这时的人类事实上就像摩尼教徒的世界一样，只是一幅黑白分明的图画。蒙田曾提醒我们："判断有了倾向性之后，人们的叙述便不
126 自觉地朝这个方向偏斜和扭曲。"因此，为了窥探几代人之前的奇特心理，我们几乎要完全抛弃自我。若要讲述当时的事实就无须这样做了。但讲述工作肯定更轻松些。从正面或反面描写路德，要比审查他的内心深处不知轻松多少；相信教皇格里高利七世（Grégoire VII）战胜皇帝亨利四世（Henri IV）或皇帝亨利四世战胜教皇格里高利七世，不知要比澄清西方文明史上最重大的戏剧之一中的深层原因要容易多少！除了上述的个人层次，我们再来看看大革命的国有地产的问题。革命政府与过去的立法一刀两断，决定将国有地产分成小块拍卖。这毫无疑问严重损害了国库的利益。至今仍有学者激烈批评这一政策。如果他们在国民公会（Convention）的议席上也敢这样慷慨陈词，该是多么勇敢啊！在远离断头台后，这种毫无危险的激烈举动便显得很可笑了。研究共和三年人们的真实想法也许更有价值。首先，他们希望为农村小民获得土地提供方便；与预算平衡相比，他们更注重减轻穷苦农民的负担，这是确保农民忠诚于新秩序的措施。他们的政策是对是错？对此，历史学家迟来的判断并不重要。我们希望他不要完全沉醉于某一方面，以致没有设想到过去还有其他可能。人类思想发展的教训十分清晰：科学越是能自觉地抛弃关于善恶的古老的人类中心主义，便总能表现得更有创造力，因而也最终更有利于实践。今天，如果还有化学家将气体区分为恶气（如氯气）和善气（如氧气），他肯定会受到嘲笑。但是，如果化学在其初始阶段真的采用这种分类法，它很可能就此裹足不前，从而大大影响对物质的认识。

但我们切勿把类比推向极端。一门人文学科的术语总有个体特色。自然科学的术语排斥这种目的论。在自然科学中，成功与失败、笨拙与灵敏等词语，顶多只是虚构的角色，而且总是充满危险。但它们是历史学中常见的词汇。因为从性质上说，历史学面对的是有意识地追求目标的人。

我们当然可以认为，一位指挥战役的军官通常会努力夺取胜利。如果他在双方力量大致相等的情况下战败，说他行动不力可能很合理。如果他老是吃败仗，那么说他不是个出色的指挥者也许是非常到位的判断。假设一次货币调整的目的是有利于债务人而不利于债权 127
人。显然，双方对这一政策的评价是好是坏则取决于它是否有利于自己，而当某种评价随意进入历史后，它便成了一种完全主观的公共利益观念。可以想象一下，旨在减轻债务负担的措施有时会导致相反的结果，这一点我们已经看到过。“措施失败了”，这个说法只是诚实地表明了一个事实。从心理学来看，行动失败是人类历史的基本要素之一。

但还有另外的情况。在个别情形下，将领是否会故意战败呢？人们会毫不犹豫地指出，他叛变了。这是最直截了当的说法。历史学如果排斥常用语中简单而直接的词汇，就会显得有点学究气了。接下来还应该探讨时代或群体的普遍道德观念对这一行动的看法。背叛可能是个普遍现象，如过去意大利的雇佣兵首领。

一言以蔽之，统帅和启迪历史研究的是“理解”。这并不是说优秀的历史学家与热情无关，他仍然是有热情的。我们必须认清，“理解”一词所蕴涵的既有困难也有希望，而且别具善意。即使是在诉讼中，人们的判断也太多了。叫喊“拉出去毙了”是很容易的事。我们从来没有进行充分的理解。谁与我们不同——如外国人、政治对手，谁就几乎必然被视为坏人。但要进行不可避免的斗争，还需要多一点智慧；如果要避免斗争就更需要智慧了——如果应该避免的话。历史学只有自己先放弃虚伪的天使的架子才能帮助我们治愈盲目判断的弱点。历史包含人类多样性的丰富经验，它是漫长的人类交往历程。如果这种交往能在友好的气氛中展开，生活和科学都将受益无穷。

2. 从人类事实的多样性到意识的统一性

但理解根本不是一种消极态度。要成为一门科学，始终需要两样东西：事实和人。人类的事实和自然世界的事实一样，是繁杂而多姿多彩的。即使照片在某种意义上能完整地再现现实，但仅有照片仍说
128 明不了问题。不是有人说过，材料已经在我们和过去之间设置了第一道过滤器吗？确实，材料经常被任意删节，它几乎从来不是按希望理解它的研究者的需要而组织起来的。正如所有学者、所有有头脑的人注意到的，历史学家在进行选择和挑拣。一句话，他在分析。

我眼前有一份罗马的葬礼铭文：是一个单独完整的文本，主题也是单一的。对于这样一份历史证据，学者们期待的东西非常不同[4]。如果我们关注语言现象，单词、句法会揭示此时此地作者所书写的拉丁文的状况，我们也可以通过这种半学究式的语言瞥见一直沿用的说法。如果我们更注重信仰问题，我们会留意人们对彼岸世界的期盼。如果关心政治生活，某个皇帝的名字、某个官职的年代会让我们感到高兴。如果对经济感兴趣，铭文也许会提到某个尚不为人知的职业。例子暂举这些。现在，我们考察的不是通过各种不同文献辨认出的一份孤立文献，而是文明发展过程中的某个时刻。生活在当时的人，几乎没有不同时见证人类命运方方面面的：他们的所听所言与邻人无异；他们崇拜同样的神；他们是生产者、交易者和消费者；他们即使没有在政治事件中扮演角色，至少也受到政治的冲击。这些千姿百态的活动一起构成了社会。我们是否盲目地罗列这些方面，把每种文献、每种个体和集体生活都拼凑交织在一起呢？这种做法带来的不是真实的事物秩序——它是由内在联系和类同关系自然构成的——的清

晰性，而是纯粹外在的同时性秩序的清晰性。实验手册与记录实验室内发生的事件的流水账不是一回事。

同样，当我们在人类演进过程中发现某些现象之中存在所谓的相似性时，这大概就是说，不同的制度、信仰、实践乃至事件都表现出某种方向，以致某种程度上可以说存在个人或社会的稳定性——难道还有别的意思？比如，能否认各种宗教情绪之间的差异之外还有某种共性吗？这就必然有如下结论：如果人们已经理解同类事实中的其他 129
事例，那么他就会更好地理解个别的人类事实，不管这个事实是什么。封建时代早期的货币是一种价值尺度，这比作为支付手段的货币要早得多，与 1850 年左右西方经济中的货币角色之间更是存在深刻差异；反过来说，19 世纪中叶的货币体制与今天的货币体制之间的差异，几乎同样明显。如果一位学者回到公元一千年，恐怕他难以理解当时货币用途的独特性。这就意味着某种垂直方向上的专门化：很明显，在这个方向上，各种专门化的有效性为时十分短暂，这可弥补对我们思想的局限和生命的短促造成的欠缺。

此外，我们所得的材料全是毛坯，如果不以合理的方式去组织，我们到头来只是否认时间，进而否认历史本身。如果我们不了解拉丁语此前的发展，我们怎能理解这一阶段的拉丁语呢？产权结构和信仰肯定不是无本之源。它们的决定因素从古至今均有之，从这个意义上说，人类现象首先是受同类现象制约的。因此，对它们进行分类就是以有效的方式揭示历史动力的主要脉络。

但是，有些人会指责说，你在各种人类活动之间确立的脉络[5]（?）无非是你的想象，它在实际中并不存在，现实中的一切都是错杂在一起的。因此你是在“抽象”。但首先，我们为什么要惧怕抽象词语呢？任何科学都离不开抽象，同样也离不开想象。顺便说一句，声言要驱逐抽象的人，对想象同样不怀好意，这一点很能说明问题。这就是实证主义未能认真理解的两个方面。人文科学不能有例外。不久前，弗朗索瓦·西米昂还义正词严地抗议“唯名论的滑稽”，而有些人还想为这些滑稽做法保留“奇怪的特权”。从极端现实主义的意义上说，叶绿素的功能为何一定比经济功能更“真实”呢？抽象术语从来都只是分类的标签。这个标签所能提供的，仅仅是根据某种有利于认识事
130 物的秩序将这类事物组合在一起。只有武断的分类才是可怕的。历史学家的任务是不断检验分类以便修正之——如有不妥的话——特别是使其更具灵活性。因此，分类从本质上说必然是多样的。

我们谨以普遍所称的“法学史”为例。教学和课本这些出色的僵化工具已使这个名称广为人知。我们来进一步审视它涵盖的东西。一条法律规则是一项具有明确强制性的社会规范，它由某个权威机构批准，该机构可借助强制和惩罚体系确保法律得到尊重。但在实践中，这样的法律条文之下可能有至为不同的行为。起支配作用的不止是法律：我们在日常行为中始终服从道德、职业和人际规范，它们通常像明确的法典一样具有强制性。另外，法律的界限始终在摇摆；另一方面，不管社会认可的义务是否进入法律条文，这种义务显然没有发生性质上的改变。因此从法学一词的严格意义来说，它只是现实的形式化的包装，而现实本身过于复杂，因而不能提供一个有效的单独研究对象；法学根本没有穷尽现实。比如，家庭一直处于收缩与舒张的状态，今天是夫妇小家庭，中世纪则是大家族家庭——这种集体特征因强烈的情感和利益关系而被强化，但要深入了解家庭生活的话，仅仅列举某某家庭法的具体条文行吗？人们有时似乎相信：由于研究结果令人失望，我们至今仍无法揭示法国家庭演变的内幕，这一点十分清楚。然而，在有别于其他事件的法律事件的概念中，还有某些准确的东西。在很多社会中，至少法律条文的运用及其（很大程度上的）阐明是一批相对专业化人士的工作，他们的这一角色（当然可能与其他的社会职能结合在一起）具有足够的独立性，可以掌握法学传统，并通常能把握法学特有的推理逻辑。总之，法学史完全可以单独作为法学家的历史而存在：但作为人文科学的一个分支，它不能以这样糟糕的方式生存下去。如果法学史能向好的方向转变，它就能为复杂多

样、但服从某种人类共同的行为方式的历史现象提供启示，这启示虽必然是不完整的，但在其有限的范围内十分有益。它提供了考察现实的一个视角。

习惯于被称做“人文地理学”（L’anthropogéographie）的学科提 131
供了另一种全然不同的区分方式。在这门学科中，视角不是对准集体行动的心态——法学史就是这样，虽然并不始终如此——也不像宗教史和经济史那样考察某种特定的人类事实，如唤起超人类力量的信仰、情感、灵魂的冲动和震撼，或者为满足或配置人类需求而进行的努力。“人文地理学”的研究以众多社会现象共有的联系为中心。“人文地理学”从社会与其物质环境的角度研究社会：这显然是一种双向交流，人始终对物施加影响，同时物也影响人。因此这仅仅是一种视角而已，它还需要其他的视角来补充。实际上，这就是分析方法在所有类型的研究中扮演的角色。科学之所以分解事实仅仅是为了更好地观察它们，这好比众多火炬交织起来，火光交相辉映，互为解释。当每支火炬自称能照亮一切，每个知识的角落都自成一个王国时，危险便到来了。

然而，我们需要再次提防自然科学与人文科学之间的虚妄的几何平行线。从我的窗口望去，每个学者都可以发现自己的领域而不必太在意整体。物理学家会解释天空的蓝色，化学家会解释河水，植物学家会解释草类。至于重组我所看到并且打动我的风景，他们将这一任务留给了艺术，仿佛画家或诗人很想承担此任务。作为一个整体的风景仅仅存在于我的意识中，而具体的知识形态所运用、并成功地证实了的科学方法，其本质是让思考者仅仅想认识他思考的对象。我们的思想在各种事物之间建立的联系对事物本身而言是武断的；自然科学坚决打断这些联系，以更为自觉的方式恢复事物本身的多样性。然而，有机世界已经向其分析者提出了更为棘手的问题。为了方便起见，生物学家会专门研究呼吸、消化和运动机理；他并没有忽视，除了上述这些还有一个应该了解的个体。但历史学的困难具有另一种性质。因为从材料上说，它最终面对的是人的意识。在历史学看来，通过意识构成的各种关系以及以意识为基础的各种影响乃至混乱现象，构成了现实本身。

132 宗教人（*homo religiosus*）、经济人（*homo oeconomicus*）、政治人（*homo politicus*），对这一系列带有形容词词缀 *us* 的人——如果愿意的话还可以把名单加长——我们可不要认为他们是现实之外的某种东西：他们只是方便的假设，为了简化的假设。唯一存在的是有血有肉的人，他将上述假设统合在一起。

当然，人的意识存在内部冲突，某些作者特别善于揭示这一点。古斯塔夫·勒诺特尔（Gustave Lenotre）发现革命恐怖主义者中有很多人是慈父，对此他总是感到惊讶。即使我们伟大的革命者真的是嗜血狂，而相关的描绘也的确很迎合安逸的资产阶级公众的胃口，但这种惊讶仍然反映出某种相当狭隘的心理。人怎能在三四种不同的层次上过着他所期望的好几种不同的生活，而且有时竟能做到呢？然而，这种见解还远没有否认自我的内在统一，还没有否认不同态度之间持续的相互渗透。作为数学家的帕斯卡尔和作为基督徒的帕斯卡尔是两个互不相干的人吗？医学博士弗朗索瓦·拉伯雷（François Rabelais）与记忆力惊人的作家阿尔柯弗里巴（Alcofribas）[6]的思想难道没有交融之处吗？同一演员可依次扮演两个角色，且两者之间的反差有如情节剧里的脸谱化的角色；进一步的观察可能会发现，这种反差只是内在统一性的面具而已。人们嘲笑哀歌作者弗洛里安（Florian）殴打自己的情人，但他的诗歌中之所以有那么多温情，恰恰是他为自己没有在实际中有更多的暴行而自我宽慰。中世纪的商人终日违反教会关于高利贷和公平价格的戒律，然而他会向圣母祈祷，晚年还会向慈善基金捐献钱财；“艰难时世”的大制造商用克扣衣衫褴褛的童工的工资得来的钱款建造济贫院；他们真的像有人所说的那样，只是为了避免天谴而投下一笔相当低廉的保单么？或者是良心和慈悲心发现之后，他们在严酷的日常生活中无暇顾及的良心慰藉仍无法满足呢？这些矛盾现象看起来很像是在逃避[7]。

我们现在从个人转向社会。我们所观察的社会，可能不能笼统地视为一个总体（这个说法无疑没有多大意义），但撇开其他的不谈，133
它至少是各种个人意识的产物，因此在社会中发现同样的持续的互动现象并非意外。从12世纪至少到宗教改革时代，织工团体是一片特别容易滋生异端的土壤，这是一个确定的事实。这肯定是所谓的宗教史的一个好素材。我们且把这类材料小心地放进宗教史的抽屉中。而在相近的材料中，“经济史”急匆匆地在寻找第二种记录。对这些躁动不安的小型纺织业团体的研究，真的到此为止了吗？我们还需要作出解释，因为这些团体的一个基本特征不是促进宗教因素与经济因素的共存，而是促进它们的相互交织。吕西安·费弗尔对我们之前的几代人似乎还能充分享受的“这种坚定、安全和道德准则”印象深刻，他认为这种现象原因有二：德·拉普拉斯的宇宙论对人们思想的支配，以及货币体制“反常的稳定”。表面看来，这两种人类现象的性质是极具对立性的。但它们竟共同奠定了一个社会群体的心态的基调。

当然，像任何个人的内在意识一样，这类关系在集体层次上也很复杂。今天已没有人敢毫无保留地说文学是“社会的表达”，至少这种表达不是镜子对镜中物的“表达”。它可能与社会现实和谐一致，但也可能是对社会的抵制与反动。文学所转达的东西，几乎必然[8]有大量过去的主题、学校里学得的形式化表达方式、古老的美学陈规，而这些东西都是文学滞后于社会的原因。弗西永（Focillon）[9]先生十分明智的指出，“政治、经济、艺术在同一时刻不能”——我宁愿说“必然不能”——“在各自的曲线上占据同样的位置”。不过，准确说来，正是因为存在各种位差，社会生活的节奏才几乎总是相互冲突的。同样，对大多数人而言，他的各种心理——用古代心理学的多元化语言来说——很少能处于同一年龄：有多少成年人还保留着童年的痕迹呢！

1837 年，米什莱向圣伯夫解释说：“如果我叙述的只是政治史，如果我不考虑历史因素的多样性（宗教、法律、地理、文学、艺术等
134 等），我的写作将面目全非。但我需要描绘一场生机勃勃的伟大运动，因为所有不同的因素都围绕叙述的完整性展开。”1880 年，菲斯泰尔·德·古朗日也对索邦（Sorbonne）的听众说道：“假设一百名专家通过抽签来分别研究法国历史的各个片段，你认为他们最后能写出法国历史吗？我很怀疑，因为他们之间至少缺少事件的联系纽带，然而，这些纽带也是一种历史真实。”“生机勃勃的伟大运动”、“联系纽带”：两种说法之间的对照很能说明问题。米什莱是从有机物的角度来思考和感受的；菲斯泰尔是牛顿世界观成为科学的完美模式的时代的儿子，他喜欢从空间角度来作比喻。然而，他们之间的和声肯定会更加洪亮。两名历史学家都足够伟大，他们都不会忽视这一点：文明也像个人一样，根本不是机械拼装的游戏；按序分割之后进行的故步自封的研究所得的片段性知识，绝不可能是关于整体的认识，甚至也不是关于片段的真正认识。

但是，米什莱和古朗日希望我们进行的组合工作，只有在分析之后才能进行。更准确地说，组合工作本身是分析的延续和存在的理由。对于初始形象，人们更多是凝视而非观察，这样它便没有任何突出特征，人们怎能区分出其中的联系呢？微妙的联系只有在通过特别的线索对事实进行分类后才能显现出来。同样，如果想忠实于在行动和反应中交错反复的实际生活，就大可不必妄言要把握整体，因为这样的事业对单个学者的能力来说太庞大了。最为合理、通常也是最为有益的方法是，将对某个社会的研究集中于某个特定的方面，甚或集中于某个能反映特定方面的具体问题，如信仰、经济、阶级或群体结构、政治危机……通过合理的选择，问题的提出一般来说不仅更为可靠，而且涉及联系和转换的事实也将更为清晰地显现出来。而这里的条件仅仅是有发现这些事实的意愿。文艺复兴时代欧洲的大商人，如买卖呢绒和香料的，囤积铜、水银和明矾的，如皇帝和国王的银行

家，难道我们真的想从他们买卖的商品中来认识他们吗？他们曾让霍尔拜因（Holbein）给他们画像，他们阅读伊拉斯谟（Érasme）和路德，回忆这些细节不会是无关紧要的吧。如果要理解中世纪封臣对封君的态度，我们必须了解他对上帝的态度。历史学家不可能脱离时间。但是，由于历史之中必然存在波动——前文关于起源的辩论已经
揭示了这种波动，历史学家思考的对象有时[10]是由穿越时光之流的 135
相似现象构成的洪流，有时则是这些洪流将各种意识会聚于一点的独特时刻。

3. 历史术语

如果问题只在于辨认个人和社会活动中的主要方面，那未免太简单了。在每组重要事件的内部，必须进行新型的、更为棘手的分析工作。必须区分构成某种政治体制的不同制度，区分构成某种宗教的不同信仰、实践和情感。在每个组成部分、甚至在整体之中，还应该指出具体特征，这些特征时而接近，时而偏离同一类型的事实……经验表明，分类的问题总离不开专业术语这一基本问题。

因为任何分析首先都需要合适的语言工具，这种语言应能准确勾勒出事实的轮廓，同时又须保持必要的灵活性，以便不断适应新的发现，它尤其不能有模棱两可的摇摆之处。而这恰恰是历史学家的弱点所在。一个思想敏锐但不太欣赏历史学家的作者曾中肯地指出："对历史学来说，清晰的专业术语和程式取代来源模糊的大致说法的重要时刻尚未到来。"保罗·瓦莱里先生这样说。如果精确无误的时刻的确还没有到来的话，难道它永远也不会到来吗？而第一个问题是，这一时刻的钟声为何来得如此缓慢？

化学已经形成了它的符号标记体系，甚至还有专门的术语："气

体”（“gaz”），如果我没有弄错的话，它是法语中真正新创的少数词汇之一。这是因为化学有一个很大的优势：它的对象从性质上说是无法自行命名的。化学排斥认识模糊的语言，但事物经常与这样的语言联系在一起，从这个意义上说，它与化学中经过分类和检验的术语一样武断：当人们说硫酸盐或硫酸时，相关的实物与名称并无必然联系。人文科学则完全是另一回事。人们在为自己的行为、信仰和社会
136 生活的方方面面命名时[11]，不必等到这些东西成为理论研究的对象。因此，历史学的大部分词汇来自它的研究对象。它接纳的这些词汇早已在漫长的使用过程中磨损和变形；另外，它们从起源的时候起就含义模糊，就像所有没有经过技术人员一起严格打磨过的表达体系一样。

更糟糕的是，历史学中的这类借用手法缺少统一性。文献希望确立自己使用的术语；历史学家如果服从文献的话，每书写一个时代的历史都要受这个时代的支配。另一方面，他自然会根据自己时代的范畴进行思考，因而就会使用自己时代的语言：当我们谈论 patriciens（贵族）时，也许老加图（Caton）时代的人会理解；而当作者提到罗马帝国危机中的 bourgeoisie（市民，资产阶级）时，如何用拉丁语表述这一名称和观念呢？因此，历史学语言几乎必然会产生两种不同的方向。现在我们来依次考察。

初看起来，复制或仿制过去的术语可能是个相当可靠的方法。但在实际运用中会碰到很多困难。

这首先是因为，事物的变化远不总是引起其名称的相应变化。这是所有语言内在的保守特点的一个自然后果，大部分人是缺乏创新精神的。

对工具体系同样应进行认真考察，但工具体系通常会经历[12]相当明显的变化。当我的邻居对我说“我坐车出去”时，他所说的车究竟是马车还是汽车呢？只有我事先获得的关于其车库的经验才能让我

作出回答。Aratrum 主要是指一种没有轮子的犁田工具，carruca 是指有轮的犁。当然，我敢肯定第一个词出现在第二个词之前，但当我在文献中看到第一个词时，怎能肯定它不是指后来出现的工具呢？相反，马蒂厄·德·东巴塞（Mathieu de Dombasle）把他发明的工具称做 charrue，但这种没有轮子的犁应称作 araire（无导轮犁，摆杆步犁）。

然而，当我们考察一下物质性较少的事实时，这种对传统名称的依恋程度不知要强多少！这是因为在这种情形下，事态的变化几乎总是太缓慢，以致受其影响的人都感觉不到。他们觉得没有必要改变名 137
称，因为他们没有意识到内容的变化。拉丁语中的 servus 沿用了好多世纪，法语写作 serf（农奴）。但是，古罗马的 servus 和圣路易时代法国的 serf 之间的状况在持续变化着，以致两者之间的差异要远远大于相似之处。因此历史学家一般将 serf 一词的使用限定在中世纪。如何处理古代呢？他们提出了 esclaves（奴隶）一词。换言之，历史学家没有选用已有的词，而是采用了一个等价词。为了追求语言固有的准确性，这个做法并非没有牺牲一点外在的时间次序，因为他们移植到罗马史中的这个术语直到公元一千年左右才出现在人力市场上。在这里，斯拉夫战俘看来是一种全面服从的典范，但这样的服从对西方土生土长的农奴来说完全是另一回事。这种人为的做法很方便，只要不走极端[13]。但是，在上述时间段中，奴隶制究竟在什么时候让位于农奴制呢？这永远是一堆理不清的乱麻。但不管怎样，我们要想准确地理解历史对象，就必须用专业术语来取代它们自己的称呼，这种术语如果不是新创的，至少也是经过改进和变动的。

与此对应的是，在时间和空间中，名称的变化有时与事物本身的变化毫无关系。

有的时候，语言演变的特别原因会导致某个词消失，而它所指的行为或对象则原封未动。因为语言现象有其独特的抵制和延展特性。罗曼语言中的拉丁动词 emere 消失后，取而代之的是一些来源非常不同的动词，如 acheter（购买）、comprar 等等，不久前有位学者认为可以从中得出最为广泛、最富创造性的结论，而这些结论牵涉的是罗马帝国崩溃后各社会中可能发生的商业体制的变迁。但愿他能考虑一下，这一不可辩驳的事实是否能被视为一种孤立现象！在由拉丁语衍生出的各种语言中，有一个再常见不过的事实：短音节单词的语音脱落，再加上非重读音节的匮乏，使得这类短单词日益难以区分了。上述词语变化纯粹是语音学的现象，而有人竟把发音中的偶然变化当成经济文明的事实，这可是个很滑稽的错误[14]。

138 另外，有些社会条件可能抵制建立和维持统一的词汇。在像中世纪那样高度碎化的社会，本质上一样的制度在各地经常会有很不一样的名称。甚至在今天，农村的言语之间仍有很大差别，甚至最常见的事物、最普遍的习俗的称呼也是如此。在我现在所处的中部各省，人们所称的 village 在北方叫做 hameau（小村子），而北方的 village 在这里叫 bourg（小市镇）。这些不同的叫法本身便是很值得关注的事实。但是，如果历史学家硬要使自己的术语符合这类说法，那他不仅损害了自己论说的可理解性，而且无法进行分类工作，何况分类还是他首要的责任之一。

历史学不像数学和化学，它没有一套超越所有民族语言的象征符号体系。历史学家只能用词语来言说，因而也是在说自己国家的语言。如果他遇到一些以外语——无论是死语言还是活语言——表达的事实该怎么办呢？他势必要翻译过来。如果这些外语词涉及的是司空见惯的事物和行为，翻译工作可能没有任何真正的困难：这些词汇就像流通货币一样相互兑换。然而，如果要把涉及社会生活本质深处的东西，如制度、信仰和风俗，移植到另一种语言中，那将是一件充满危险的工作，因为这另一种语言是从另一个不同的社会形象中生发出来的。等价词的选择须以相似性为前提。我们要提防那种顶多只具有表面意味的相似性。

在别无出路的情形下，难道我们只能不加解释地保留原有术语吗？1919 年的魏玛宪法保留了德国的古老名称 Reich，当时我们的一些政论家惊呼："多么奇怪的共和国！哪有共和国仍自称'帝国'的！"但实际上，Reich 一词本身与皇帝的概念并无关系；它与一段始终在多元主义和统一之间摇摆的政治史紧密相连，因而具有特别浓重的德国意味，在另一种反映全然不同的民族历史的语言中，它很难被翻译出来。

简单的机械复制毕竟是最省力的解决办法，但怎能推而广之呢？
我们且把语言的纯洁性放在一边：必须承认，如果历史学家的语言中 *139*
充斥着外来词汇，模仿历史传奇的作者——这些作者老是使用土话，结果滑入了乡民和市民都听不懂的不规范语言中，那将是令人恼怒的现象。如果放弃任何等价词的借用，那通常不利于对事实的理解。有人曾主张——据我所知，这一主张可追溯到 18 世纪——用法语中的 serf 和其他西方语言中意义相近的词来称呼旧帝俄时代严格依附于地主的农民（*chriépostnoï*）。很难想象还有比这更糟糕的比附了。俄国的土地依附制度逐渐向真正的奴隶制转变；而西方的个人依附形式虽然也很严格，但它远没有把人视为不具备任何权益的物：所谓俄国的农奴制与法国中世纪的农奴制几乎毫无共同之处。但套用 *chriépostnoï* 的说法也很难取得突破。因为在罗马尼亚、匈牙利、波兰甚至德国东部都存在过十分类似于[15]俄国制度的严重的农民依附形态。我们应该分别用罗马尼亚语、匈牙利语、波兰语、德语和俄语来称呼这些形态吗？如果这样的话，我们便没有以正确的术语来表达这些历史现象，因而也没有构建它们之间的内在联系。因此标签选得不好。确立超越民族术语的共有术语、而非照抄民族术语，这一做法同样是必要的。

很多社会存在所谓的等级制双语现象。两种语言并存，一种是大众语言，另一种是学者语言。日常思考或言谈使用第一种语言，思考或言谈的内容则完全或优先用第二种语言书写下来。如在11—17世纪的阿比西尼亚（Abyssinie），书写用闪含语，口语用阿姆哈拉语。如《新约全书》用希腊语书写，当时希腊语是东方的主要文化语言；而关于《新约全书》的具体交谈则需转换成阿拉米语。在离我们较近的中世纪，很长时间内的行政和书面语言是拉丁语。上述文人、教士和公证人的语言或是继承自已经死亡的文明，或是从异域文明借用而来，现在它们必须表达很多最初未曾料想到的内容。为了达到这个目的，它们只有借助系统的移植手法，这必然存在局限性。

140 但我们是通过文字——实物证据除外——来认识一个社会的。因此，那些盛行二元语言的社会的很多主要特征，是通过一层面纱近似地展现在我们眼前的。有时还会隔上一层障碍。征服者威廉在英格兰编订的大型土地调查簿，即著名的《末日审判书》（*Domesday Book*），是由诺曼底和勒芒的文书完成的。他们不仅用拉丁语描绘英国的特殊制度，而且首先是用法语对它们进行再加工。历史学家在碰到这种被替换的术语时，唯一的办法是倒推还原。如果当初的替换词选得很好并得到成功的运用，还原就会相对容易。我们会不难发现，这些编年史家笔下的consuls，其实是伯爵（comtes）。但不幸的是，情况有时并不是很有利。《末日审判书》中的colliberti、bordarii指的是什么呢？如果剥去它们的拉丁语装饰，很容易辨识出这些词来自法国西部的方言：cuverts、bordiers。但这些词如何用英语表达却让人踌躇。可以肯定的是，英语中没有等价词。因为有些词只有这份文献的起草者使用过，此后无人再用。我们11—12世纪的特许状里提到的colonus是什么呢？这是个没有意义的问题。实际上，这个词在地方语言中没有后继者，也不再指某种实际存在的事物，它只是翻译中的创造，在典雅的拉丁语中，公证人用它来指各种差异甚大的法律和经济状况。

同样，两种必然存在差异的语言之间的对立实际上只是反映了所有社会共有的反差现象。即使像法国这样统一化程度最高的国家，每个小型职业集体、每个群体都有其特有的文化和境遇，都拥有独特的表达体系。然而，并不是所有群体过去和现在都书写了同样多的文字，它们也没有同等的机会把文字传给后世。人人都知道，司法预审记录很少有一字不差地记录当庭言辞的；书记员几乎是自发地整理纯化句法，剔除那些他认为过于粗俗的词语〔16〕。过去的文明也有它的书记员：纪年史家，尤其是法学家。我们首先听到的是他们的声音。 141
我们切不可忘记，他们使用的词汇，他们以这些词汇向我们展示的分类，都是经过学者加工后的结果，这种加工通常受到传统的系统而夸张的影响。如果我们不去费力地考察加洛林时代的年贡登记簿和敕令中的术语——它们混乱不堪、自相矛盾、很可能还是人为的，而是漫步当时的乡间，聆听农民彼此间如何称呼，领主又如何称呼他的属下，那会有多少意外的惊喜呢！他们日常实践中的描述当然不会向我们展示生活的全貌，因为表述的尝试以及随之而来的学者法学人士的解释尝试，本身也构成一种具体的行动力和影响力，但它们至少能触及深处的心弦。如果我们能得知谦卑的信徒口中的祷词——不管上帝是过去的还是现在的，那该多么令人兴奋呢！当然，前提是他们知道如何在祈祷中原原本本地表达内心的冲动。

正是最后一个假设中存在巨大障碍。没有什么比一个人的自我表达更难的了。不过，对于构成我们生活之框架的变动不居的社会现实，我们要找到既明确又相对灵活的名称也并非易事。最常用的术语总是近似语。宗教术语也是这样，虽然人们以为它们有严格的含义。在仔细审视一下法国的宗教地图后，今日一位叫勒布拉（Le Bras）的学者被迫用具有细微差别的术语来取代那个过于简单的标签：“天主教”。有些历史学家喜欢从他们的信仰的角度——如果不是从他们不信教的角度（这种情况可能更普遍）——来粗暴地处理〔17〕天主教或伊拉斯谟的非天主教，现在该让他们进行反思了。另一些非常鲜活的现象则没有找到合适的词语。今天的一位工人可以轻易地表达自己的阶级意识，即使这种意识有时相当微弱。我不认为，他所表达的理性化的、具有斗争精神的团结意识，其力度和清晰度一定要强过法国旧制度末期北方省乡村的短工的同类意识；各种请愿书、1789 年的一些陈情书，都给我们留下了其令人心碎的回声。然而，这种意识在当时并没有被指明，因为它还没有名字。

142 总而言之，文献中词汇本身无疑也是一种非常珍贵的证据；但像所有证据一样，它也是不完善的，因此需要进行批评考察。每个重要的术语，每种典型的表达，都只有在与其环境进行对照后才能真正成为认识工具；它们需要回归作者所处的时代环境和习俗中；当它们流传的时间很长时，尤其需要防止始终存在的时代错误与曲解带来的危险。国王的涂油礼在 12 世纪被视为很自然的圣事，这个说法意义重大，但当时肯定没有今日的僵化神学在涂油礼定义以及在专业词汇中赋予它的特别重要的意义。术语的诞生始终是个重大事件，即便事情在术语之前就已发生了，但它标志着意识形成的一个决定性阶段。新宗教的信徒自称是基督徒的那一天该是多么重要的一步呢！我们的前辈，如菲斯泰尔·德·古朗日，曾为我们树立了意识研究和历史语义学研究的杰出典范。在他们之后，语言学的进步已经磨砺出更加锐利的工具。

不管名称与事实之间的联系多么不紧密，但它们毕竟赋予事实一种强有力固定意义，因此人们在描述一个社会时，大量的用词须经过解释和阐发。我们不可模仿中世纪的那些超越时空的翻译者。当问题涉及伯爵时，我们要说 comtes，而涉及罗马史则须说 consuls。当学者们最终以宙斯（Zeus）取代朱庇特（Jupiter）时，希腊宗教史的理解便取得了重大进步。但名称的问题尤其涉及制度、工具和信仰的细节。认为文献中的术语足以成为我们自己的术语，这无异于承认文献已经给我们带来了现成的分析。这样一来，历史学就没有多大的事情要做了。幸运的是，事情根本不是这样。这就是我们为何要在别处寻找分类框架的原因。

已有一整套的术语可向我们提供这种框架，这些术语的普遍性试图超越任何个别时代的独特意味。经过几代历史学家不懈的阐发和修饰，他们无意之中综合了各种年代和来源迥然不同的因素。“封建的”、“封建制”：18 世纪的布兰维里埃（Boulainvilliers）[18]和孟德斯鸠先后从法院中提取这些司法术语，使其成为某种定义相当模糊的社会结构的相当别扭的标签。“资本”一词来自放高利贷者和会计员， 143
而经济学家很早就懂得了其中的深意。“资本家”是欧洲早期证券交易所中投机商的行话中掉下来的残屑。不过，在我们今天的分类中占据更为重要地位的“资本主义”一词，却相当的年轻：它的词尾变化就标志着它的源头（*Kapitalismus*）[19]。classe（阶级，分类）体现出其本来的自然主义或哲学味道：然而它的新词义中却回荡着社会斗争的严酷性。Révolution（革命）原指天文学上的关系，后来带上了极具人文色彩的含义；在天上，Révolution 过去和现在仍然是规则性的运动，而在地上，它此后成为一个剧烈的危机。Prolétaire（无产阶级）颇具古代遗风，正如 1789 年那些催生这个概念的人所表现的那样；但马克思继巴贝夫（Babeuf）之后为这个概念打上了自己的烙印。美洲提供了 totem（图腾），大洋洲提供了 tabou（塔布，禁忌）：对于这些人种志学者借用来的术语，历史学家因为其古典主义的羁绊而感到踌躇……

无论是术语来源的多样性，还是其意义的偏移，几乎都不构成障碍。一个词语的价值主要不在于词源，它的实际运用要重要得多。即使资本主义概念在其最广泛的运用范围内也远不能延伸到一切借贷资本占重要地位的经济体制中，即使封建一说仍指那种不以采邑制为最显著特征的社会的特征，我们仍不能否认所有科学的普遍做法，这就是：当纯粹的代数象征符号难以满足科学的需要时，科学会在浸润着日常生活色彩的词汇中汲取专门术语。如果物理学家坚持要用原子（atome）——不可分割者——来称呼最小的分割体，我们难道对此愤愤不平么？

特别可怕的是，我们面对的很多词汇带有强烈的情感色彩。情感的力量很少有利于语言的精确性。

即使在历史学家中间，“封建制”和“领主制”这两个说法的运用之混乱也到了无以复加的地步。这是将典型的军事贵族依附网混同于农民的依附形式，后者的性质迥然不同，其起源也早得多，延续的时间要长得多，而且在世界各地也广泛得多。这种张冠李戴的做法可追溯到 18 世纪。当时封君封臣关系和采邑制还存在，但已只具有法律形式，因为几个世纪来它们的内容几乎全部丧失。但是，有着同样源头的领主制却依然是活生生的现实。在传统的影响下，政治作家对此没有进行区分。他们不仅仅在理解上出现了偏差，而且在思考的时
144 候也不够冷静。他们既憎恶这种体制的不合时宜，更憎恨它仍拒不放弃的压迫性力量。众口一词的谴责掩盖了一切。接着，大革命在同一的名称之下废除了严格意义上的封建制，还有领主制。于是这些东西只剩下了一个回忆，但回忆根深蒂固，而最后岁月里的斗争又给回忆打上了强烈的印记。混乱从此产生，它源自一种偏激的情绪，这种情绪在新激情的影响下随时可能蔓延。今天，当我们胡乱地谈论工业或银行业的“封建制”时，难道我们真的冷静下来了吗？在这些说法的背后，总会看到城堡上的火光的影子——那是 1789 年那个炽烈夏天的火光。

不幸的是，我们的很多词汇都经历过这样的命运。它们仍然存在于我们中间，活跃于激动不安的公共生活之中。在今天，不止一名历史学家以长篇大论来催促我们认同资本主义和共产主义。这类术语通常因时因地而有所变化，而情感因素只会引起更多的歧义。面对革命一词，1815 年的极端保守派只能藏头掩面，而 1940 年的极端保守派则用革命来掩饰他们的政变。

还需设想一下，如果我们的词汇完全没有感情色彩会怎样。最富理性色彩的语言也有陷阱。当然，这里丝毫不想重现“唯名论的滑稽”，不久前，弗朗索瓦·西米昂在看到人文科学仍保留这一“古怪

的特权”时，曾不无道理地感到惊讶。我们有什么权利拒绝任何理性知识都必不可少的语言上的便利呢？我们以机械化一说为例。这个名词当然不指代任何实体，它只是将各种具体事实随意聚集起来，这些事实的相似之处正是该名词指称的对象，但这种相似也是实际存在的。这些标签本身也是合理的。真正的危险恰恰来自它们的方便。如果选择不佳，或运用太机械，本该用来帮助分析的象征性标签最后排斥了分析。这就容易造成时代混乱：在一门时间性的科学中，此乃最不可饶恕的罪过。

中世纪社会的人身状况分为两大类：一类是自由人，另一类可视为非自由人。但是，对于自由的概念，每个时代都有不同的理解。今天的一些历史学家从自由一词所谓的标准意义——他们所认为的自由——出发，认为中世纪的非自由人的说法欠妥。他们说，非自由人
应该是“半自由人”。这个新创的词毫无文献依据，因而无论如何是 145
一种麻烦。不幸的事情还不止这个。这样的人造词带来了一个几乎不可避免的后果，它赋予语言的虚伪严格性使得所有关于自由和奴役之界限的认真深入的研究都成为多余，仿佛这些界限是文明中的想象物。然而，虽然这种界限通常并不确定，各个时代和群体对此也有不同的看法，但其中的一个基本要素恰恰不存在半自由这一不恰当的说法造成的模糊性。这样强加给历史的术语往往会造成歪曲，如果其意图或目标是要使过去的范畴符合我们的范畴（这时后者会上升为某种永恒的东西）的话。对这样强加的标签，唯一合理的态度就是废弃。

资本主义曾是个有用的词。由于它日益深入日常语言中，它承载的东西也越来越多了。如果能够成功地澄清由此带来的各种含混之处，它将再次成为一个有用的词语。而眼下，它已经被毫无顾忌地移植到各种至为不同的文明中，几乎完全淹没了其特有的意义。16 世纪的经济体制是“资本主义的”吗？也许可以这样问。我们当然可以看到对金钱利益的追逐成为普遍现象，从社会上层到底层，从农村的商人和公证人到奥格斯堡（Augsbourg）和里昂的大银行家，都汲汲

于此，但我们也能看到，人们对商业借贷和投机的专注要远早于对生产组织的专注。因此，从人类生活的结构而言，文艺复兴时代的资本主义，与工业革命时代圣西门笔下的井然有序的工厂体系该有多么大的差别啊！也许，一个十分简单的评论就足以让我们注意到这些。如果资本主义不再是个确定的时代，而仅仅是个首字母大写的概念，那它究竟出现于什么时候呢？在 12 世纪的意大利？在 13 世纪的佛兰德尔？在福格尔（Fugger）家族和安特卫普（Anvers）交易所的时代？还是在 18 世纪乃至 19 世纪呢？有多少历史学家，几乎就有多少个资产阶级诞生的日期，而我们的教学课本在讲述资产阶级获得权力时，会向学生提出各种不同的时代，一会儿是美男子腓力（Philippe Le Bel）时期，一会儿是路易十四时代，还有 1789 年和 1830 年……也许，它们所讲的资产阶级不完全一样吧！资本主义的情况也是这样。

我认为我们已经触及问题的本质。我们都记得冯特内尔（Fontenelle）的那句俏皮话。他说莱布尼茨“提出了精确的定义，这些定
146 义使人无法在各种场合下自在地使用词语”。“自在”一说我不敢肯定，但危险倒是确定无疑的；用词的随意我们再熟悉不过了。历史学家很少进行定义。实际上，如果惯用语中能找到确切的词汇，他会认为定义是多余的。但他的想法只是一相情愿，甚至在关键词的使用中，他几乎都依靠个人的直觉。他肆意扩展、压缩、歪曲用词的含义而不提醒读者，他自己也总是不进行解释。如果“封建制”分布在全世界，从中国到亚该亚人（Achéens）和重装步兵时代的希腊都有之，那它的含义究竟是什么呢？可能大部分封建制都少有相似之处。每名或几乎每名历史学家都在按自己的方式理解这个术语。

但是，就算我们进行定义，那也是各说各的。富有洞见的经济分析家约翰·梅纳德·凯恩斯（John Maynard Keynes）的例子最能说明问题。他在每本书的开头处提出术语时，几乎总是相当明确的，但他赋予术语以全新的含义，而且有些术语在不同的书中还有变化，这是有意识地与常见的做法保持距离。人文科学曾长期被视为简单的文

学类型，因而它们有个奇特的毛病，那就是还保留着某种艺术家的不得体的个人主义。设想有化学家这样定义："要组成一个水分子，应有两种实体：一个具有两个原子，另一个只有一个；在我创造的词汇中，前者叫做氧，后者叫做氢。"这样的说法可能吗？如果历史学家在用语上各行其是，不管这些用语多么多么严密，但仍不能组成历史学的语言。

说实话，在这方面曾有过一些组织得较好的工作，其实践者是一些相对年轻的学科（语言学、人种学、地理学）的专家们，他们似乎能够逃脱老学科的陈规陋习；就整个历史学而言，综合研究中心一直准备在这方面进行努力，提供典范。对此我们大可期待。但这种良好的意愿似乎还没有被普遍认可。总有一天，我们会就术语的明确性达成一系列协议，并将逐步使其精细化。不过研究者的创举也有＊意义；在深化分析的时候，他必然会改造语言。重要的还是我们中间的团队精神。历史学家最好不要草率偏离已被认可的词义（如有必要的话可新创词义），最好不要随意否定已经过检验的词汇；在进行认真定义的时候，最好能注意该定义能成为所有人都能运用的词汇。在喜欢嘲弄人的造物主的眼里，巴别塔（Babel）可能只是个相当可笑的场景，但对科学而言是个糟糕的例子。

4.〔20〕

时间的洪流不可中辍。但我们的分析应有断代。因为，如果我们 147
不通过界标来分段的话，我们的思想甚至无法把握持续的运动。但在时间的长河中，如何确定历史的界标呢？从某种意义上说，界标总具有任意性。但更重要的是，界标应与永恒变化中的重大转折点相合。

在我们继承的史学（我不敢说远东的史学）中，历史首先是领袖人物的年表。统治权的变迁支配着这种传统史学的叙述层次*[21]，如果它不满足于按编年史的方式、从一个千年铺陈到另一个千年的话。不同的征服民族的统治权此消彼长，勾勒出各大时代的轮廓。中世纪集体记忆几乎完全依赖启示录中的四帝国神话，即米底（Méde）、波斯、希腊和罗马帝国。但这个神话毕竟是个不方便的模子。它不仅迫使人服从《圣经》文本，将虚拟的罗马统一幻象延续到当下。而且，由于基督教社会中一个很奇特的悖论——正如很多历史学家认为的，今天也是如此，耶稣受难作为人类征途中的驿站的地位，似乎不如蹂躏罗马各省的那些著名的破坏者的胜利。还有更小的时间段，即各国君主的赓续所形成的界标。

这些习惯有着异乎寻常的坚韧性。1900 年左右问世的拉维斯（Lavisse）的《法国史》（*Histoire de France*）堪称法国学派的一面忠实的镜子，它按朝代顺序展开叙述，每当君主死去时总要详细讲述与此相关的重大事件，并以此作为一个章节的结束。没有国王时该怎么办？政府体制也有死去之时，政治革命就是时间的界标。最近的情况是，在民族——相当于被淡化了的古老帝国——“优先”观念的影响下，许多教科书有意识地分割了现代历史的进程。西班牙、法国、
148 英国、德国，它们的霸权是外交和军事性质的——这还需要说吗？其他的东西则尽可能地放在一旁。

然而，早在 18 世纪便可听到抗议声。伏尔泰写道：“一千四百年来，高卢似乎只有国王、大臣和将军。”于是新的分期开始出现，它们不再关心帝国和君主，试图以更为深层的现象为标准。正如我们已经看到的，“封建制”作为一个时代和一种社会与政治制度的名称，便出现在这个时候。不过更有启发意义的是“中世纪”一词的命运。

从遥远的源头上说，这个词也是中世纪的。它本是半异教的宗教预言中的词汇，13 世纪以后，这种预言曾吸引过无数不安的灵魂。上帝道成肉身标志着古代律法的终结，但还没有建立神的王国。当下的时代是通往至福的未来的希望之路，因而它只是个中间期（*medi-*

um aevum）。后来，从早期的人文主义者——他们似乎很熟悉这种神秘主义的说法——以后，这个说法的形象转向了更为世俗的事实。从某种意义上说，圣灵统治的时代已经到来。这就是文学和思想的复苏，这种意识在当时一些杰出人士之中已很强烈，如拉伯雷，如龙萨（Ronsard）。位于丰硕的古代和古代的再次复兴之间的中间时代已经结束，它无非是一个漫长的等待期。当然，在好几代人的时间内，这个说法只限于某些学者圈子中，知道的人很少。有人认为，直到17世纪末，一位名叫克里斯托弗·凯勒（Christophe Keller）的德国学者，也是一个不太知名的课本编纂者，第一次在一本通史著作中想到“中世纪”这一标签，用以指称从蛮族入侵到文艺复兴的千余年的历史。后来，不知道通过什么渠道，这个用法进入了欧洲史学中，特别是基佐和米什莱时代的法国史学。

伏尔泰不知道“中世纪”这个说法。“你们最后要克服《自罗马帝国衰亡以来的现代史》（*Histoire moderne，depuis la décadence de L'Empire romain*）给你们造成的反感情绪”：这是《风俗论》（*Essai sur les moeurs*）的第一句话。但毫无疑问的是，正是对后世影响巨大的《风俗论》使得“中世纪”一词获得成功。另外，该词几乎必然需要一个对应物：这就是文艺复兴，该术语几乎是在同一时刻确定下来的。在很长的时间里，文艺复兴在艺术史词汇中很流行，但仍是个普通名词，而且必须带上限定语（“16世纪列奥十世（Léon X）和弗朗索瓦一世（François Ⅰer）时期的艺术和文学复兴”，有人曾这样说）， *149*
直到米什莱之前不久，这个词的首字母才有了大写，用以指称整个时代。这是同一观念的两个方面。首先，战争、宫廷政治、伟大王朝的兴衰就是历史时代的框架。在这些历史现象的旗帜下，艺术、文学和科学好歹能够排进去。但此后的情形倒了过来。在人文主义时代，支配性的角色是人类精神在其多姿多彩的进步中最精致的表现。这些观念最鲜明地打上了伏尔泰的烙印。

但是有个严重的缺陷损害了这种分期法：最鲜明的特征同时也

是一种判断。中世纪在技术发明、艺术、情感、宗教思想方面都十分丰富，它见证了欧洲的第一次经济腾飞，最后它还酝酿了我们各自的祖国。当我们不再相信中世纪的黑暗，不再将它描述为历时几个世纪、一成不变的荒漠时，克洛维时代的高卢和美男子腓力时代的法国，阿尔琴（Alcuin）、圣托马斯·阿奎那（Saint Thomas）或奥卡姆（Occam），“蛮族”珠宝上的动物图案和夏特尔的雕塑，加洛林时代的狭窄小镇和热那亚（Gênes）、布鲁日、吕贝克（Lubeck）的那些欣欣向荣的市民：所有这些东西我们怎能放置在同一个名称——虽然表面看有些道理——之下呢？实际上，中世纪的概念只存在于浅薄的教学活动中：教学方案，特别是学者的技术性标签，这些东西无疑很方便，但传统的年代对它们的范围并未作出明确的界定。中世纪史专家应懂得解读古代书法，检验特许状，理解古法语。这些素质当然很重要，但肯定不能满足一门实践科学中准确分期的需要。

在年代分期的混乱局面中，我认为最近出现的一种潮流由于不够合理而特别具有侵略性。这就是我们有意识地按 siècles（世纪，或年代、时代）来区分时间段。

我们知道，在很长的时间内，这个说法到底指多少年是没有确切数字的，而且从源头上说它也有几分神秘主义色彩：它与《牧歌第四首》（*Quatrième Eglogue*）和《末日审判》（*Dies Irae*）[22]中的说法颇为相似。在不太关心数字精确性的年代，历史学对伯利克里（Périclès）时代、路易十四时代之类的说法深感满意，不思进取，于是时代一说的影响力便不会完全消失。但我们的语言越来越具有数学特征，我们不再根据主人公的名字来称呼各个时代了。我们采取了一个很明智的做法：从一个永久固定的起始点开始，以整百的数字按顺
150 序计算年代。13 世纪的艺术、18 世纪的哲学、“愚蠢的 19 世纪”：我们的书中随处可见这类戴着算术面具的形象。谁敢吹嘘从不受数字带

来的方便性的诱惑呢？

但愿以 1 为结尾的年份最好能与人类历程的重大关节点巧合。但不幸的是，任何历史法则都没有这样的规定。因此便出现了一些奇怪的变化。不久前，我在一份学生的作业中看到这样的话："众所周知，18 世纪开始于 1715 年，结束于 1789 年。"这个说法究竟是出于天真还是出于恶意？我不知道。不管怎样，他的话鲜明地揭示了"世纪"一词的某些古怪之处。不过，如果问题涉及的是启蒙的 18 世纪，它的开端最好还是定在 1701 年之前：《神谕的历史》（*Histoire des Oracles*）[23] 发表于 1687 年，培尔的《辞典》（*Dictionnaire*）发表于 1697 年。更糟糕的是，由于名称总带有一定的思想，乱贴标签最后会导致对象的混乱。经常听到"12 世纪文艺复兴"的说法。它当然是一场伟大的思想运动。但这个名称很容易让人忘记，这场运动实际上开始于 1060 年左右，因此一些重要的关系也就被忽略了。总之，我们仿佛是根据武断地选取的严格的钟摆节奏来安排历史事实，但它们实际上根本不存在这种规律性。这是一种危险做法。我们当然认为这很糟糕，这样做只能带来更多的混乱。显然，我们应该寻找更好的办法。

如果我们仅研究时间中相似现象构成的链条，问题会很简单。比较好的办法是从这些现象之中找出它们的阶段。不是有腓力·奥古斯都（Philippe Auguste）时期的宗教史、路易十五时代的经济史之类的说法吗？为什么不能有路易·巴斯德（Louis Pasteur）的"格雷维（Grévy）第二个总统任期内的实验室日记"呢？为什么不能有"从牛顿到爱因斯坦的欧洲外交史"呢？

人们当然知道，以帝国和国王的更替、政治体制的兴衰为统一的年代界限的做法究竟有何魅力。政治权力长期附带的威望是支持这种分期法的一个因素。马基雅维利说："权力实施具有国家行为特有的伟大气质。"在时间的长河中，一次登基、一场革命都有其确定的位置，或在哪一年，甚至在哪一天。然而，正像有人说过的，学者喜欢“精确地”确定事件的日期。这样他就能从中克服对模糊感的本能恐惧，获得良心上的重大慰藉。他喜欢阅读和参考与自己的题目相关的
151 一切东西。当他面对每份档案材料时，如果他能手执日历，区分从前、期间和此后，那他的工作该轻松多少呢！

但需要注意的是：最准确的时间划分并不必然是最小单位的划分——如果真是这样的话，按年划分不仅优于以十年为单位的划分，而且按秒划分也会优于按天划分。真正的精确在于每次都依据考察对象的本质。因为每种对象都有其特别的测量尺度，也就是说，有特别的时间十进位制。对于社会、经济、信仰和心态行为的结构演变，不可采用过于细密的时间测量法，否则就会有过于浓重的人为色彩。当我写到，1875 年到 1885 之间，西方经济发生了极为深刻的变化，其标志有二：一是开始从其他地区大量进口小麦，二是德国和美国的工业开始大规模扩张。我在这里使用的只是个近似时间，而这正是上述事实所允许的。我应该先寻找所谓的更准确的时间吗？在这个例子中，人们立刻会想到《法兰克福条约》[24]。但这样一来，我对数字的尊重是以糟糕的方式表达出来的。

从经验来看，各种表面看来类型十分不同的现象，其各自的自然阶段相互重叠并非全然不可能之事。对此我们不能作先验判定。第二帝国的诞生真的开启了法国经济的一个新篇章吗？桑巴特（Sombart）认为资本主义的兴起与新教精神的兴起是同一的，这种观念究竟有无道理？梯叶里·摩尔尼埃（Thierry Maulnier）先生在民主制中发现了资本主义（恐怕与桑巴特的资本主义不完全是一回事）的“政治表达”，这个看法是否准确？我们没有权利事先就否认这类巧合，不管我们认为它们多么可疑。但即使真的存在巧合的话，那恐怕也需要一个条件，即不要事先假设存在巧合。海潮肯定与月的朔望有关。但是，要认识这种关系，首先应该分别确定海潮的周期和月亮的运动周期。相反，在考察社会的整体运动时，难道应该指出每个阶段

的特点么？这是个关键问题。我们只能提出一些可能采取的时间分期方法。不要忘记，历史学还是个发展中的科学。

在相邻的时间出生于同一社会环境中的人们，必然经受过相似的
影响，尤其是在他们的成长岁月。经验表明，与明显比他们年长或年
幼的群体相比，他们的行为通常具有十分鲜明的特征。这甚至表现在 152
他们之间的矛盾之中，即使这些矛盾可能更为尖锐。当他们为同一个
争论而面红耳赤、意见对立时，也仍然表现出他们之间的相似性。这
种来自共同时代的共同印记构成了一代人。

但话又说回来，一个社会很少是整齐划一的。它分为很多不同的阶层。各个阶层之中的几代人并不总是存在一致性：影响一个年轻工人的力量，难道一定以同样的力度作用于一个青年农民吗？另外，即使在联系最紧密的文明中，某些潮流的传播仍然十分缓慢。我的父亲——1848 年生于斯特拉斯堡——曾对我说：“我年轻的时候，外省是浪漫主义的，但巴黎已经不是了。”此外，对立经常弱化为错位，就像这个例子中揭示的那样。当我们说某代法国人时，我们想到的形象很是复杂，有时还有矛盾，但它显然有某些真实的主导因素。

至于代的周期性，虽然某些作者有着毕达哥拉斯式的梦想，但它显然毫无规则性。由于社会运动节奏或快或慢，代的界限因而或小或大。历史中存在漫长的代与短促的代。唯有通过观察才能发现，代的周期变化曲线在哪些时刻发生方向性变化。我入学的岁月可为代的确定提供方便。很早的时候我就注意到，我在很多方面更接近高年级，而不像我的下一年级。我的同学和我自己处于人们所称的德雷福斯案件的一代人的前列。生活的经验证实了当初的印象。

最后，代与代之间的相互渗透有时是必然的。因为不同的人对同样的影响的反应不总是一致的。在我们的孩子中间，今天已能轻易地大致按年龄分辨出战时出生的一代和战后的一代。但还有一点保留：在尚未成熟的青年人和儿童中间，对时下的事件的感知因个

人气质而大不相同；早熟的属于真正的“战时”一代，其他人属于战后一代。

因此，代的概念很灵活，就像所有试图表现人类事物的本来面目的所有概念一样。这个概念也符合我们具体感知的现实。很久以前，我们就能看到一些学科本能地使用这种分期法，因为这些学科的本质
153 首先就使得它们拒绝朝代和政体的古老分期法：思想史和艺术史就是这样。在对人类变迁的理性化分析中，代看来将日益成为首选的分期法。

但一代毕竟只是个相对较短的时段。更长的时间段叫文明。

吕西安·费弗尔已经指出，文明一词与我们价值判断的分离是个非常缓慢的过程。今天它已经赢得自由。我们已经承认非文明人也有文明，如果可以这样说的话。我们已经认识到，在任何一个社会，一切都是相互联系、相互贯通的：政治和社会结构、经济、信仰是最基本的要素，还有各种微妙的心态因素。它们相互交织的复合体每每有独特的色调。当然，这种色调很难表述，切忌使用过于简单的标签。卡尔·兰普雷希特（Karl Lamprecht）在其《德国史》（*Histoire d'Allemagne*）中试图以渐进的方式进行描述，但各种以“主义”结尾的方便术语（典型主义（*Typismus*）、约定主义（*Konventionalismus*））损害这一出色的尝试。名称之间的确存在对立，这一点毫无疑问。今天谁能否认中国文明呢？不消说，它与欧洲文明有重大差异。但不久前，人们强调的重点在于文明的变化，虽然变化有快有慢。当变化发生时，我们会说一个文明继承了另一个文明：中世纪早期的西方社会在很多方面继承了罗马帝国；但每个人都承认，它们不是同一种文明。同样不能认为，西方文艺复兴时代的文明与我们的文明是同一的。在研究实践中需要以更为准确和精确的方式表述文明的各种特征。

一句话，人的时间将始终有违于如时钟一样严格分割的完美的统一性。应该有符合历史节奏之变化的各种时间尺度，为了确定自己的

界限，这种尺度通常承认——因为现实的需要——自己只能辨识出边缘地带。只有以这种伸缩性为代价，历史学才能期望如柏格森所称的那样，使其分类方式对应于“现实中的同类层次”：确切地说，这是所有科学的最终目标。

【注释】

〔1〕米诺斯和奥西里斯分别为古希腊和古埃及神话中的冥界人物，相当于中国迷信传说中的判官。——译注

〔2〕编号为IV-2、IV-3和IV-4的三页手稿以“一个价值判断”开始，至本章第二节的标题“从人类事实的多样性到意识的统一性”结束，这里采用的为打字稿中的文本。

〔3〕笃信王：或译“至为虔诚的基督教国王”，曾是西班牙国王和法国国王的称号。——译注

〔4〕这句话经过了手动修改，修改痕迹见打字稿下方，但划去的痕迹很多，单词不能全部辨认出来。所以我们只能沿用修改前的文本。

〔5〕“有些人会指责说”之后被划去的三四个词不可辨认。现可辨认的打字稿上是连词que。另外，紧接这句话之后的“脉络”一词并不确定。

〔6〕这个名字是拉伯雷曾用过的一个笔名。——译注

〔7〕编号为IV-11的打字稿在这里结束。IV-12页遗失，故借助于根据吕西安·费弗尔的意见确定的打字稿来弥补缺页。

〔8〕吕西安·费弗尔确定的文稿在这里结束。

〔9〕弗西永（1881—1943）：法国艺术史家，尤以中世纪艺术研究著称。——译注

〔10〕编号为IV-14的打字稿在这里结束。IV-15页打字稿遗失。因而这里的处理方法同第132页（指边码——译注）注释中提到的方法。

〔11〕吕西安·费弗尔确定的文稿在这里结束。

〔12〕编号为IV-16的打字稿在这里结束。IV-17页遗失，处理方法同前。

〔13〕借用自吕西安·费弗尔的文字在这里结束。

〔14〕以“因为语言现象”开头的这段话是对第一稿第二章中一段文字的再加工，后者阐述的是历史辅助学科带来的误解。

〔15〕编号为IV-17的手稿在这里结束，该页开始的文字是“历史学不像数学”，打字稿以该页文字为底稿，这里的文字亦然。

〔16〕本人在此须对预审和法官职业作一点说明：至少在当代法国，书记员起草预审记录的方式很机械；由预审法官口授，通常这种口授是名副其实地“背叛”被审问者的言辞；至于正式审判，几乎并不让人更满意；庭辩报告通常是省略版，起草报告的书记员与庭审中真正发生的事情有很大的隔阂。

〔17〕打字稿在这里可能有个错误，“剪裁”（“tranchent”）一词可能比“处理”（“touchent”）更合适。

〔18〕布兰维里埃（1658—1722）：法国作家和史学家，贵族保守派，著有《古代法国政府》。——译注

〔19〕可能指来自德语，mus为德语词缀。——译注

〔20〕打字稿上的罗马数字Ⅳ位于稿纸中间，这表明此处将展开新的论述，但数字之下没有标题。如果将这里的空缺与作者给吕西安·费弗尔的那封包含其最终计划的书信作比照，可以设想这里的标题是：“年代划分”。

〔21〕虽然吕西安·费弗尔确定的打字稿完整地保留了两个星号（*）之间的文字，但没有考虑到其中的段落顿挫，随后的一些版本省略了这些文字，代之以一个新句子：“不过研究者的创举从传统上保留了其叙述的层次”，但这句话完全歪曲了原文的意思。

〔22〕作者这里指的可能是古罗马诗人维吉尔（Publius Vergilius Maro）的牧歌第四首，诗人在诗中预言了人类新时代的来临。《末日审判》被认为是13世纪的诗人、塞拉诺的托马斯（Thomas of Celano）的一首拉丁语圣歌。——译注

〔23〕作者为冯特内尔。——译注

〔24〕指的可能是1871年普法战争后德法两国签署的《法兰克福条约》。这是个重要的政治事件，所以作者认为以它为西方经济史上的标志性日期不妥。——译注

第五章[1]

实证主义徒劳地声称将原因的观念从科学中驱逐出去。善意也 154
好，歹意也罢，所有物理学家、生物学家都是通过“为什么”和“因为”来思考的。历史学家也不能逃避这一共同的思想法则。有些历史学家，如米什莱，将原因内化于波澜壮阔、“生机勃勃的运动”之中；另一些历史学家则采用提示与假设等解释方法，因果链条无处不在。确定因果关系是我们理解力的本能需要，但不能据此认为，因果研究应靠本能意识来完成。虽然我们这里不涉及因果关系的形而上学，但作为历史认识工具的因果关系，无疑需要以批判意识为辅佐。

假设一个人在山间小道上跋涉，不慎摔跤跌下山崖。这一事故的发生需要大量决定性因素的聚合，如重力，如长期的地质变迁导致的复杂地形，如连接此人的村子和夏季牧场的小路。如果天体力学的法则有所不同，如果地球的演变是另一番模样，如果山区经济不以夏季牧场为基础，那我们完全可以说，坠崖事件就不可能发生。但当我们询问坠崖的原因时，每个人都会答曰：因为他失足。这当然不是说，

前面提到的那些条件是不必要的。很多其他的条件同样必要。但是，
155 在所有条件中，失足有几个引人瞩目的特点：它最晚发生；它为时最短，在普遍的世界秩序中最为个别；最后，由于最不具普遍性，它的发生也可能是最容易避免的。由于这些原因，失足与坠崖的后果联系最为紧密，以致我们几乎认为完全是它造成坠崖的。谈到原因，人的常识总是很难避免某种人类中心主义，因此从常识来看，这最后一刻的原因，这个特别的意外要素，看起来有点像为艺术品最后点睛的艺术家。

通行的历史推理与此并无二致。最持久、最普遍的先行条件都只是隐含的。炮弹产生轨迹原因在于重力，而人体的生理构造是炮弹有杀伤力的条件，但军事史专家会把重力和人体生理构造视为胜利的原因吗？这些先行因素已经很特别了，但还具有某种持久性，它们构成习惯所称的条件。在各种普遍力量构成的序列中，最特殊的往往是区别性要素，它更容易被称为原因。例如我们可以说，劳（Law）[2]时代的通货膨胀是物价全面上涨的原因，当时统一而联系紧密的法国经济体的存在则仅仅是个条件。因为流通的便利在导致普遍的通货扩张的同时，也只能是物价上涨的外部条件，它在通胀实际发生之前和之后都存在。

毫无疑问，这种区分之中蕴涵着前途远大的研究原则。[3]纠缠于那些普遍的先行条件有何益处？它们存在于太多的现象之中，以致不值得从中找出特殊因素。我们都很清楚，如果空气中没有氧，火灾就不会发生；我们真正感兴趣的是发现起火的过程[4]。【无论战败还是胜利，弹道法则的变化都是一样的，两种情形下它都起作用，但它不能解释胜败。】

分层的分类法其实只是出于思考的方便，如果将它推向绝对，那
156 将是危险的[5]。现实向我们展现了几乎无穷尽的力量线索，所有这些线索都指向同一现象。我们在线索之间作出的选择可能是基于一些很值得关注的特征之上，但这毕竟是个选择。尤其重要的是，将原因

和“条件”对立起来的想法有很多武断之处。追求严格的西米昂首先尝试（但我认为是徒劳的）进行更为精确的定义，但他最后似乎承认了区别的相对性。他写道：“对医生来说，流行病的原因是细菌的传播，条件是贫困造成的肮脏和健康不佳；对于社会学家和慈善家来说，贫困是原因而生物因素是条件”。这等于承认，视角的选择服从于研究的角度。不过我们要注意：历史学中单一原因论的迷信通常只是一种阴险的研究形态，引发这种研究的责任者就是价值判断。法官会问“功过在谁?”学者仅关心“为什么?”而且他认为答案绝非简单。常识中的偏见、逻辑学者的假设和预审法官的口头语、原因的一元论对历史解释来说都只会造成麻烦。历史学寻找的是原因之流，它不担心原因的多元性，因为多元性是生活呈现出来的面貌。

历史事实本质而言是心理事实[6]。因此应在其他心理事实中寻找它们的先行条件。当然，人类的命运位于物理世界中，并感受到这个世界的影响。然而，在外在力量的介入最为剧烈的时候，这些力量也只有通过人及其思想的引导才能发生作用。黑死病的病毒曾是欧洲人口减少的首要原因。但是，只有在特定的社会条件、因而也是在某种内在的心态条件下，这场瘟疫才能迅速传播，而瘟疫的精神影响只有通过集体意识中特定的先决条件才能得到解释[7]。

然而，以清醒的意识为对象的心理学并不存在。在阅读某些历史著作时，人们以为人类完全是由合乎逻辑的意愿构成的，似乎行为的理由之中全无半点隐秘。当前对心态状况及其幽深之处的研究，只是 157
再次验证了各个学科面临的一个永恒的难题，这个难题表明各学科均处于同一时期。还有一个经常被重复、被放大的错误，它经常暴露在那种古老的经济理论中。经济学中的“经济人”不过是个空洞的影子，这不仅是因为把人推想为完全只关注利益，最糟糕的是认为人对自己的利益有清楚的意识。拿破仑已经说过，“这无非是个意念”。在我们当下所处的沉重的精神气氛中，谁会认为这种气氛给我们打上的是理性人的烙印呢？如果我们总是把历史学的原因问题简化为动机问题，那恐怕只会严重地歪曲这个问题。

不过，历史学家的立场中有着十分有趣的悖论！问题的关键是为了确认某个人类行为真的发生过吗？历史学家在研究中并非充分考虑过这一点。至于行为的原因，最浅薄的外表就会让他们满足：这种外表通常以某句老生常谈的心理学格言为依据，但这样的格言与相反的说法相比，其真实性几乎毫无分别。两位哲学教育的批评家，德国的格奥尔格·西美尔（Georg Simmel）和法国的弗朗索瓦·西米昂，都曾无情地嘲弄过某些预期理由。有位德国历史学家写到，埃贝尔派（Hébertistes）一开始与罗伯斯比尔完全一致，因为后者完全屈从于他们的愿望；然后埃贝尔派同罗伯斯庇尔发生了裂痕，因为他们认为后者太强大了。西美尔着重指出，这个说法须以下述两个命题为条件：利益引起感激，人不喜欢被支配。当然，这两个命题并不必然是错误的，但也不是必然正确的。因为，我们为什么不能认为，如果有人过于急切地服从某个党派，该党派的反应或许是对虚弱的蔑视多于内心的感激，这为什么不可能呢？另外，为什么不能认为，独裁者会以权力造成的恐惧来扼杀最微小的抵抗意愿呢？有个经院哲人曾这样评价权力：它有个"蜡鼻子，左转和右转都无所谓"。所谓常识心理学的真理就是这样。

这个错误本质上与今天已被彻底摧毁的伪地理决定论造成的错误是一回事。无论是面对物理世界的现象还是社会事实，人的反应与始终向同一方向啮合的时钟运动毫无共同之处。沙漠并不像勒南所说的那样，必然导向一神教，因为造访沙漠的人民对景观的感知不会完全
158 一样。如果村民首先考虑的的确是靠近水源、水井和池塘的话，少量的水源在所有地方都会形成农村聚落，但水太多只能导致居民稀疏。实际上，村民出于安全互助的考虑，甚至出于群居脾性的考虑，有时的确是聚集在有泉水的地方；但是也有相反的情形（如在撒丁岛（Sardaigne）的某些地区），每户人家都建在自己土地的中间，他们

都愿意走远路取水，而不愿放弃独居的乐趣。人的本性难道不是极为多样的么？

但是，我们必须注意到，在类似的情形下，错误不在于解释本身，而完全在于先验论。虽然到目前为止，撒丁岛的例子并不多见，但在特定的社会条件下，水源的分布也许是决定居民点分布的首要因素；不过可以肯定的是，它不是决定居民点分布的必然原因。同样，埃贝尔派若真的服从那名历史学家提出的动机，那也不是不可能的。错误在于将假设视为已知因素。还应该检验假设。一旦检验证据找到——不要认为证据是现成的，也不要凭先入之见判定它不可行——我们还需深化分析，从各种可能的心理态度中找出支配整个群体的态度。因为，当理智和情感的反应不是自然流露时，这就要求我们发掘产生反应的原因。概而言之，历史学中的原因像别的原因一样，不是推想出来的，它需要人们去寻找。

【注释】

〔1〕这一章的所有文字都在五页手稿上，手稿编号分别为：V-1，V-2，V-3，V-4，V-5，打印稿即以它们为依据，这里的文字与原稿相同。

〔2〕很可能是指18世纪初在法国主持财政工作的苏格兰银行家约翰·劳(John Law)，他的工作导致严重的投机风潮和通货膨胀。——译注

〔3〕】没完没了地【。这里的增删标记以编号V-2的手稿为准。

〔4〕在手稿中还有这样的话（不换行）："但危险是将思考的方便绝对化"，但在定稿中，此话变成了下一段的第一句话。

〔5〕手稿中的这句话更短："但危险是将思考的方便绝对化"。

〔6〕编号为V-3的草稿开头是这样的话："历史事实本质而言是心理事实"。随后的文字直到稿纸的中间，与近似于定稿的文字相接。这里删减的文字在注释中给出。

〔7〕】正是这种现象摧毁了伪地理决定论。在相同的气候、土壤和场地环境中，背景不同的专家们的反应很不一样。沙漠并不必然是"一神论"的，而犬牙交错的海岸也不一定产生水手的民族。【

当代世界学术名著·第一批书目

心灵与世界	[美]约翰·麦克道威尔
科学与文化	[美]约瑟夫·阿伽西
从逻辑的观点看	[美]W.V.O.蒯因
自然科学的哲学	[美]卡尔·G·亨普尔
单一的现代性	[美] F.R.詹姆逊
本然的观点	[美]托马斯·内格尔
宗教的意义与终结	[加]威尔弗雷德·坎特韦尔·史密斯
帝国与传播	[加]哈罗德·伊尼斯
传播的偏向	[加]哈罗德·伊尼斯
世界大战中的宣传技巧	[美]哈罗德·D·拉斯韦尔
一个自由而负责的新闻界	[美]新闻自由委员会
机器新娘——工业人的民俗	[加]马歇尔·麦克卢汉
报纸的良知——新闻事业的原则和问题案例讲义	[美]利昂·纳尔逊·弗林特
传播与社会影响	[法]加布里埃尔·塔尔德
模仿律	[法]加布里埃尔·塔尔德
传媒的四种理论	[美]威尔伯·施拉姆 等
传播学简史	[法]阿芒·马特拉 等
受众分析	丹尼斯·麦奎尔
写作的零度	[法]罗兰·巴尔特
符号学原理	[法]罗兰·巴尔特
符号学历险	[法]罗兰·巴尔特
人的自我寻求	[美]罗洛·梅
存在——精神病学和心理学的新方向	[美]罗洛·梅
存在心理学——一种整合的临床观	[美]罗洛·梅
个人形成论——我的心理治疗观	[美]卡尔·R·罗杰斯
当事人中心治疗——实践、运用和理论	[美]卡尔·R·罗杰斯

万物简史	［美］肯·威尔伯
动机与人格（第三版）	［美］亚伯拉罕·马斯洛
历史与意志：毛泽东思想的哲学透视	［美］魏斐德
中国的共产主义与毛泽东的崛起	［美］本杰明·I·史华慈
毛泽东的思想	［美］斯图尔特·R·施拉姆
仪式过程——结构与反结构	维克多·特纳
人类学、发展与后现代挑战	凯蒂·加德纳，大卫·刘易斯
结构人类学	［法］克洛德·列维-斯特劳斯
野性的思维	［法］克洛德·列维-斯特劳斯
面具之道	［法］克洛德·列维-斯特劳斯
嫉妒的制陶女	［法］克洛德·列维-斯特劳斯
社会科学方法论	［德］马克斯·韦伯
无快乐的经济——人类获得满足的心理学	［美］提勃尔·西托夫斯基
不确定状况下的判断：启发式和偏差	［美］丹尼尔·卡尼曼 等
话语和社会心理学——超越态度与行为	［英］乔纳森·波特 等
社会网络分析发展史——一项科学社会学的研究	［美］林顿·C·弗里曼
自由之声——19 世纪法国公共知识界大观	［法］米歇尔·维诺克
官僚制内幕	［美］安东尼·唐斯
公共行政的语言——官僚制、现代性和后现代性	［美］戴维·约翰·法默尔
公共行政的精神	［美］乔治·弗雷德里克森
公共行政的合法性——一种话语分析	［美］O.C.麦克斯怀特
后现代公共行政——话语指向	［美］查尔斯·J·福克斯 等
政策悖论：政治决策中的艺术（修订版）	［美］德博拉·斯通
行政法的范围	［新西兰］迈克尔·塔格特
法国行政法（第五版）	［英］L·赖维乐·布朗，约翰·S·贝尔
宪法解释：文本含义，原初意图与司法审查	［美］基思·E·惠廷顿

英国与美国的公法与民主	[英]保罗·P·克雷格
行政法学的结构性变革	[日]大桥洋一
权利革命之后:重塑规制国	[美]凯斯·R·桑斯坦
规制:法律形式与经济学理论	[英]安东尼·奥格斯
阿蒂亚论事故、赔偿及法律(第六版)	[澳]彼得·凯恩
意大利刑法学原理(注评版)	[意]杜里奥·帕多瓦尼
刑法概说(总论)(第三版)	[日]大塚仁
刑法概说(各论)(第三版)	[日]大塚仁
英国刑事诉讼程序(第九版)	[英]约翰·斯普莱克
刑法总论(新版第2版)	[日]大谷实
刑法各论(新版第2版)	[日]大谷实
日本刑法总论	[日]西田典之
日本刑法各论(第三版)	[日]西田典之
美国刑事法院诉讼程序	[美]爱伦·豪切斯泰勒·斯黛丽,南希·弗兰克
现代条约法与实践	[英]安托尼·奥斯特
刑事责任论	[英]维克托·塔德洛斯
刑罚、责任与正义:关联批判	[英]艾伦·诺里
政治经济学:对经济政策的解释	T.佩尔森,G.塔贝里尼
共同价值拍卖与赢者灾难	约翰·H·凯格尔,丹·莱文
以自由看待发展	阿马蒂亚·森
美国的知识生产与分配	弗里茨·马克卢普
经济学中的经验建模——设定与评价	[英]克莱夫·W·J·格兰杰
产业组织经济学(第五版)	[美]威廉·G·谢泼德,乔安娜·M·谢泼德
经济政策的制定:交易成本政治学的视角	阿维纳什·K·迪克西特
博弈论经典	[美]哈罗德·W·库恩
行为博弈——对策略互动的实验研究	[美]科林·凯莫勒
博弈学习理论	[美]朱·弗登伯格,戴维·K·莱文
利益集团与贸易政策	G.M.格罗斯曼,E.赫尔普曼
市场波动	罗伯特·希勒
零售与分销经济学	罗格·R·贝当古

世界贸易体系经济学	[美]科依勒·贝格威尔， 罗伯特·W·思泰格尔
税收经济学	伯纳德·萨拉尼
经济学是如何忘记历史的：社会科学中的历史特性问题	杰弗里·M·霍奇逊
通货膨胀、失业与货币政策	罗伯特·M·索洛 等
经济增长的决定因素：跨国经验研究	[美]罗伯特·J·巴罗
全球经济中的创新与增长	[美]G.M.格罗斯曼，E.赫尔普曼
美国产业结构(第十版)	[美]沃尔特·亚当斯， 詹姆斯·W·布罗克
制度与行为经济学	[美]阿兰·斯密德
企业文化——企业生活中的礼仪与仪式	特伦斯·E·迪尔 等
组织学习(第二版)	[美]克里斯·阿吉里斯
企业文化与经营业绩	[美]约翰·P·科特 等
系统思考——适于管理者的创造性整体论	[英]迈克尔·C·杰克逊
组织学习、绩效与变革——战略人力资源开发导论	杰里·W·吉雷 等
组织文化诊断与变革	金·S·卡梅隆 等
社会网络与组织	马汀·奇达夫 等
美国会计史	加里·约翰·普雷维茨 等
新企业文化——重获工作场所的活力	特伦斯·E·迪尔 等
文化与组织(第二版)	霍尔特·霍夫斯泰德 等
实证会计理论	罗斯·瓦茨 等
组织理论：理性、自然和开放的系统	理查德·斯科特 等
管理思想史(第五版)	丹尼尔·A·雷恩
后《萨班斯—奥克斯利法》时代的公司治理	扎比霍拉哈·瑞扎伊
财务呈报：会计革命	威廉·比弗
当代会计研究：综述与评论	科塔里 等
管理会计研究	克里斯托弗·查普曼 等
会计和审计中的判断与决策	罗伯特·阿斯顿 等
会计经济学	约翰·B·坎宁

历史与记忆	［法］雅克・勒高夫
历史与心理分析——科学与虚构之间	［法］米歇尔・德・塞尔托
历史编纂	［法］米歇尔・德・塞尔托
法兰西与圣心崇拜——近代一个具有重大历史意义的故事	［美］雷蒙・琼纳斯
他者的历史——社会人类学与历史制作	［丹麦］克斯汀・海斯翠普
法国近代早期的社会与文化	［美］娜塔莉・泽蒙・戴维斯
新史学	［美］鲁滨孙
历史学家的技艺	［法］马克・布洛克
时间与传统	［加］布鲁斯・G・特里格
历史研究导论	［法］朗格诺瓦，瑟诺博司

Apologie pour l' histoire ou Métier D' Historien by Marc Bloch, preface de Jacques Le Goff

Cet ouvrage a beneficie du soutien des programmes d'aide a la publication de l'institut francais/ministere francais des affaires etrangeres et europeennes.

图书在版编目(CIP)数据

历史学家的技艺：第2版/（法）布洛克著；黄艳红译. —北京：中国人民大学出版社，2011.9
（当代世界学术名著）
ISBN 978-7-300-14215-9

Ⅰ.①历… Ⅱ.①布…②黄… Ⅲ.①史学理论-法国 Ⅳ.①K095.65

中国版本图书馆 CIP 数据核字（2011）第 165768 号

当代世界学术名著
历史学家的技艺（第二版）
［法］马克·布洛克（Marc Bloch） 著
黄艳红 译
Lishixuejia de Jiyi

出版发行	中国人民大学出版社			
社　　址	北京中关村大街31号	邮政编码		100080
电　　话	010－62511242（总编室）	010－62511398（质管部）		
	010－82501766（邮购部）	010－62514148（门市部）		
	010－62515195（发行公司）	010－62515275（盗版举报）		
网　　址	http://www.crup.com.cn			
经　　销	新华书店			
印　　刷	唐山玺诚印务有限公司			
规　　格	155 mm×235 mm　16开本	版　　次		2011年9月第1版
印　　张	11.25 插页 2	印　　次		2022年3月第4次印刷
字　　数	144 000	定　　价		45.00元